楽しい すぐ使える 福祉レクリエーション

宮本 晋一 著

福祉現場では、日常生活をより楽しく快適に過ごしていただくための手段としての日々レクリエーションを活用しています。

しかし、いざ実践・指導するとなると時間、場所、対象、人数などの条件に左右されます。また、アレンジしやすいもの、しにくいものなどいろいろなレクリエーションがあります。

そこで、本書では肩の力を抜いて出来るレクリエーション、男性が一人でも参加したくなる楽しくレクリエーションを紹介します。

ルールも簡単でアレンジがしやすいジャンケンゲームやジェスチャーゲーム、フィンガーゲーム、また、沖縄ならではの伝統芸能や言葉をアレンジしたレクもあります。子どもから高齢者まで是非、実践して楽しさを実感してみてください。

はじめに

近年、福祉現場では福祉レクリエーションは必要不可欠なサービスとして定着し、認知症予防としてもレクリエーションを活用した脳トレなどが幅広く浸透しつつあります。

さらに福祉施設に限らず学校や企業、地域活動においても注目されて実践されるようになっています。しかし、その内容の多くは、施設内に蓄積されるだけで具体的な実践例・効果などはほとんど公表されることはなく共有されておりません。

そのため、福祉現場のレクリエーション活動は担当者の技量に依存する傾向が強く、本書のような存在が現場の職員や福祉「レクリエーション」を学び実践していこうとする人のために待望視されていることに、刊行の意義を深く感じています。

そこで本書では、現場の立場に立った実践書、地域のリーダーとして、レクリエーションの実践者として活用できる実践書として、すべての方々が共に楽しめる内容・アレンジ方法を紹介しています。

第１章「レクの楽しさを知るアイスブレーキング」、第２章「グループワークの目的と活用法を知ろう」、第３章「レク・スポーツの楽しさを知ろう」、第４章「ことば・漢字レクの広がりを知ろう」、第５章「新聞・紙レク＆折り紙の楽しみ方を知ろう」、第６章「ジャンケン＆ゆび遊び　ハンドゲームを知ろう」、第７章「ハラハラドキドキレク真の楽しさを知ろう」、第８章「もっとも身近なうちなーレクを知ろう」と８つに分類し、初心者から指導者まで、頭の運動を意識したものからカラダを使ったレクリエーション、ひとりで楽しむものからグループで協力して行うものまで、ベットサイドから屋外まで楽しめる内容構成としています。

特に最終章で紹介している、沖縄特有の行事や伝統芸能を集約した「うちなーレクリエーション」は、幼児からから大人までが幅広く活用できるように意識してあります。もちろんアレンジ方法や地域での実践と伝承を目的とした内容になっています。現場職員にとっても使いやすく、参加したくなるレクリエーションです。

そこで、ぜひ本書を活用していただき、新たなるレクリエーションの出会いと実践者としての理解を深めていただけましたら幸いです。さらにその結果として利用者や専門家のみなさんから「笑顔」が引き出されることを願っています。

2015 年 4 月

もくじ

はじめに　3
レクリエーションを楽しむために　6

第1章　レクの楽しさを知るアイスブレーキング　7

アイスブレイク 10 ……… 8
名刺交換ゲーム……………… 10
目指せ 100 人の友だち … 12
見えない仲間をさがせ…… 13
なに色？連想クイズ……… 14
「なに」つながり？ ……… 15
私の第一印象……………… 16
マシュマロタワー ………… 18

第2章　グループワークの目的と活用法を知ろう　19

人間知恵の輪……………… 20
ムカデ操縦士……………… 21
砂漠での生き残りゲーム… 22
権利の「熱気球」カード… 24
昔はおいくら？…………… 26
病気自慢大会……………… 27
もし○○だったら！……… 28

第3章　レク・スポーツの楽しさを知ろう　29

手投げゴルフ……………… 30
ビー玉カーリング ………… 32
ジャンケンサッカー……… 34
テーブルホッケー ………… 35
風船バレー＆リレー……… 36
リアル野球盤……………… 38
砲丸・やり・ハンマー投げ選手権……………………… 39
雪（タオル）合戦………… 40
コインリレー……………… 42

第4章　ことば・漢字レクの広がりを知ろう　43

元気の「気」ゲーム………… 44
うたしりとり ……………… 46
暗号ゲーム………………… 47
無言しりとり ……………… 48
言葉をつくろう…………… 50
漢字連想クイズ…………… 51
動物ビンゴ………………… 52
ひらがなバラバラ事件…… 53
へんつくりゲーム………… 54

第5章 新聞・紙レク＆折り紙の楽しみ方を知ろう 55

新聞フラワー……………… 56
ゴミ箱作り……………… 58
トトロを作ろう…………… 59
世界一飛ぶ　紙飛行機…… 60
新聞ビンゴ………………… 61
新聞ビリビリゲーム……… 62
新聞ヨーヨー……………… 63
すぐできる切り絵！……… 64
サンタクロース…………… 66

第6章 ジャンケン＆ゆび遊び　ハンドゲームを知ろう 67

ジャンケン足し算………… 68
ジャンケンクッキング…… 70
いろいろジャンケン……… 72
ゆびで数えよう１～31 … 74
あまったジャンケン……… 75
ゆび体操…………………… 76
輪ゴムリレー……………… 78

第7章 ハラハラドキドキレク真の楽しさを知ろう 79

ハンマープライス………… 80
リズム算…………………… 82
うちわで似顔絵ゲーム…… 83
コップ＆カンタワー……… 84
エアーあそび……………… 85
人形ストーリー…………… 86
作っては（わ）投げ………… 88
七五三ゲーム……………… 90
陣取りゲーム……………… 91
石ころアート……………… 92

第8章 もっとも身近なうちなーレクを知ろう 93

名字探しゲーム…………… 94
エイサー太鼓ストラップ… 96
手づくりエイサー………… 98
アダンでバッタ作り……… 100
サンゴで遊ぼう…………… 103
シーサー（ぬり絵）＆パラシュート……… 104
海人《ウミンチュ》追い込み漁ゲーム … 106
うちなークロスワード…… 108
かくされた言葉…………… 109

種別レクリエーション一覧表　110

レクリエーションを楽しむために

1. レクリエーションを楽しむ前のポイント

・レクリエーションの楽しさを実感してもらえるように事前準備をしておきましょう。

・参加者どうしで工夫し、無理はしないような雰囲気を作っておきましょう。

・レクリエーションで使用する道具は、なるべく自分たちで作ってみましょう。

・もう少しやりたいと思えるような余裕のある内容にしましょう。

2. アレンジのポイント

・ルールにこだわり過ぎないようにしましょう。

・人数を増やしたり、ルールをつけくわえたり、レクを組み合わせたりしてみましょう。

・曲を変えたり、振付を変えたり、人・場所を変えたりしましょう。

・どんなときも安全面に注意をはらい、やりたいようにやってもらいましょう。

・季節に応じた旬の材料を取り入れましょう。

・スタッフも参加者と一緒に楽しめるようにしてみましょう。

3. 指導のポイント

・レクリエーションの選択は目的・時間・参加人数を基準にすると選びやすいでしょう。

・ゲームでも説明でもシンプルであればあるほど分かりやすく定着しやすいことを理解しておきましょう。説明や進行のシミュレーションは事前にしておきましょう。

・その日の参加者や体調によって運動量や時間が調整できるように、予備のレクリエーションとアレンジしたルールを準備しておきましょう。

・参加者を把握しておきましょう。高齢者は疲労しやすく回復までの時間にも個人差があります。途中の休憩と水分補給、終了後の休養をしっかり取るようにしましょう。

・表情や声の大きさ動作は多少のオーバーアクションを心がけましょう。

・丁寧な言葉づかいは最低限のマナーです。サポートをする視点を忘れないように。

・主体は参加者であることを忘れないようにしましょう。積極的に参加する方も、参加しない方も、その方なりの楽しみ方を見つけられるように支援しましょう。

・体調の不調が見られた場合は、中止しましょう。

第1章

レクの楽しさを知るアイスブレーキング

アイスブレイクという言葉を聞いたことがあるでしょうか。言葉通りに解釈すると、「氷を壊す」ということです。例えば、重い雰囲気の会議や集団活動、そして研修や講演でも使われるやり方です。

この章では、話題づくりや自己紹介、名刺交換などを楽しくゲーム感覚で楽しめるアイスブレーキングのためのレクリエーションを紹介します。

・アイスブレイク 10
・名刺交換ゲーム
・目指せ 100 人の友だち
・見えない仲間をさがせ
・なに色？連想クイズ
・「なに」つながり？
・私の第一印象
・マシュマロタワー

自由に体を使ってみる

アイスブレイク10

人が集まった際にその場を和ませ、コミュニケーションをとりやすい雰囲気をつくるためのゲームです。集まった目的に合わせて、いつでもどこでも気軽にたくさん行ってください。

ゲームデータ

■主体者のレベルの応用範囲
子どもから高齢者まで

■種別
動き回る

■難易度
☆

■人数
2人以上

■実施に好ましい場所
自由に動き回れるスペース

■必要な物品・設備
特になし

楽しみ方

その場に応じて、下記の中から1つ、あるいは複数を行ってください。会議の途中で集中力を高めたい時などに試してみましょう。

①天狗の鼻

2人1組で向かい合い、鼻の上に両手の握りこぶしを重ね、同時に左右の頬やおでこ、あごに動かします。同じ場所に動かした場合はアウトとなります。

②ミラーストレッチ(にらめっこの要領で)

2人1組で向かい合い、相手を笑わせようとさまざまな動作や表情をする遊びです。先に笑った方が負けとなります。

③尺取虫

最初は、1人で右手と左手の親指と人差し指を交互にねじりながら合わせます。

できた人は、親指、小指で行います。認知症の初期にはねじる動作が難しくなります。

ワンポイントアドバイス

★勝ち抜き戦にしたり、声を大きく出したりすると楽しめます。

★高齢者の方は、スムーズに指を動かしたり体を動かすことができません。声かけなどして、不安を持たせないようにしましょう。

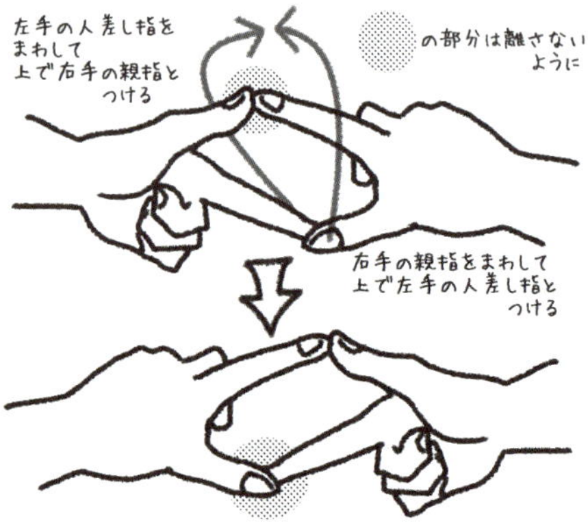

なれたら親指と小指の組み合わせにしたり、逆回転してみましょう

④すりすりとんとん

イスに座って行います。まず、左手で左膝をトントン叩き、右手で右膝をすりすりします。ある程度できるようになったら合図を出して、今度は逆に左手はすりすり、右手はトントン叩いてみましょう。

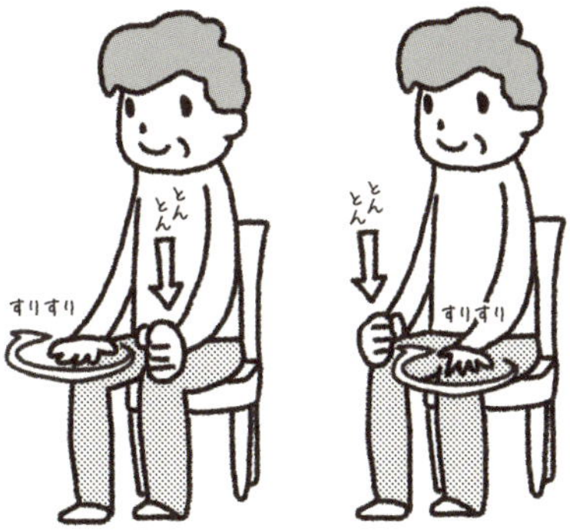

⑤スタンドアップ

2人1組で立ち上がります。まずは1人で立ったり、背中合わせで手を組み、合図に合わせて立ち上がります。できたら、4人や8人など人数を増やしてやってみましょう。

⑥ジャンケンおまわり

2人組から4人組になり、ジャンケンを行います。負けた人は、勝った人の周りを走ります。連続で負けた時は、その回数分周りを走ります。

⑦ 1から10の数字合わせ

2人1組になり、同時に数字を声に出して言います。同じ数字が出るまで続けます。この時、二回連続で同じ数字を言わないようにしましょう。

⑧鼻＆耳つかみ

2人1組になり、向き合います。「セーノ」の合図で指示を出します。例えば「右手で左の耳、左手で鼻をつまむ」と言われたら指示通りにします。そして、次の合図では逆に、右手は鼻を左手は耳をつまみます。なれてきたら途中で拍手や両手を高く上げる動作をして動きを複雑にしていきましょう。

⑨グーパーグーパー体操

「右手を前に出してグー、左手は胸の前でパー」から始めます。「はじめ」の合図で手を入れ替えて「左手は前でグー、右手は胸の前でパー」とします。

慣れてきたら「前に出している右手をパーにして、胸の前の左手をグー」と動作を逆にします。少し混乱するかもしれませんが、合図の間隔を短くして楽しみましょう。

⑩拍手をそろえて3･3･7拍子

職員が前に立ち右手を挙げ左右に大きく振ります。その際に手が顔の前を通過する時には拍手します。たまに途中で止めると早とちりの人が出て楽しいです。会の終わりに手を振ってサヨナラを演出するといいでしょう。

ワンポイントアドバイス

★⑩の手拍子が合ってくると非常に一体感が生まれます。また、拍手で終わる時も役に立つでしょう。

みんなの名前を覚えよう

名刺交換ゲーム

名刺サイズの白紙 10 枚に自分の名前とキーワードを記入し、名刺交換しながら握手と会話をしていきます。その後サインをもらったり、名刺コンテストでも楽しめます。

ゲームデータ

■主体者のレベルの応用範囲
子どもから高齢者まで

■種別
動き回る（車イスでも可）

■難易度
☆☆

■人数
10 ～ 30 人くらい

■実施に好ましい場所
イスやテーブルがある場所

■必要な物品・設備
名刺用カード 10 枚（A4 用紙または厚紙で作成）、筆記用具

楽しみ方

①自分の名刺を 10 枚作ります。名刺には表に自分の名前と自由な肩書き、自分を何かにたとえて書きます。裏には相手に聞きたい事を記入します。

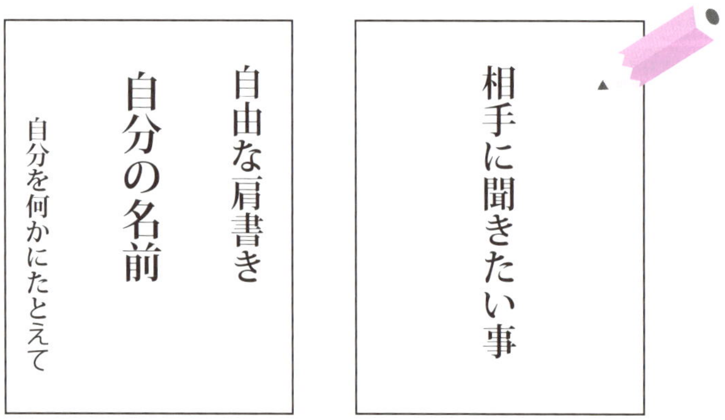

おもて　　うら

＊（例）表は「遊びの会会長山本太郎」「動物にたとえるとクマ」など自分らしさを表現します。裏には「あなたが好きな食べ物を教えてください」「今、あなたがはまっていることを教えてください。」など興味を持っていることを書きます。

ワンポイントアドバイス

★肩書きは「長生き会会長」「元気代表」「酒飲み会会長」「カラオケ会会長」など好きな事や成りたいものなど、日常生活の中から考えて書いてみましょう。

★名刺にはそれぞれ好きなように、色を付けたり、絵を書いたりして個性を引き出すと楽しいです。

★相手に印象を持ってもらうには、色や楽器にたとえると伝わりやすいです。

★声かけの例
「名刺なんて何年ぶりですか？○○さん」
「遊びですから、好きに書いてください」

②名刺交換をします。最初に挨拶と握手をして、名刺に書いてあることを伝えてから、名刺を交換します。交換したら相手の名刺の裏側に書かれている質問に答えます。

③全員の名刺交換が終了したら、ゲームは終了です。

ワンポイントアドバイス

★サインをもらう時は、少しあおるように声かけして動いてもらいます。

「○○さん、あちらの男性空いています！」

「○○さんと名刺交換した方！助けてください！」

アレンジのヒント

- 10 人と名刺交換が終了した後、一度着席してから再び名刺交換をした相手にサインをもらいに行きます。名前と顔が一致していないことが多く、早く終わった人ほど慌てることになります。
- 最後に面白い名刺、きれいな名刺など、名刺のコンテストを開いても楽しいです。

自己紹介して友だちになろう

目指せ100人の友だち

不特定多数の人が参加するイベントで、時間に余裕がなくても行えます。会場の雰囲気が和気あいあいとしたものになるコミュニケーションゲームです。

ゲームデータ

■主体者のレベルの応用範囲
子どもから大人まで
■種別
動き回る（座ってできる）
■難易度
☆

■人数
10人～100人程度
■実施に好ましい場所
自由に動き回れるスペース

■必要な物品・設備
特になし

楽しみ方

①最初に制限時間と自己紹介をする最低人数を決めてスタートします。参加人数の半分以上に自己紹介することを目指します。

②名前を名乗って、お互いに名前を呼び合って、「よろしく」の握手をします。

③その後にお互いの出身地や血液型、好きな食べ物、好きな色などを質問して、聞き取り型の自己紹介につなげます。

④制限時間がきたらそれぞれ着席し、何人の人と自己紹介したか、どんな人がいたかなどの感想を聞きます。

活用のヒント

●話した人数順に並び、「話した人数が多い人」「話した人数が少ない人」を組み合わせてグループを作ると、社交的な人と、内向的な人が混ざったグループを作ることができます。

意外なつながりが見えてくる

見えない仲間をさがせ

血液型や出身地などテーマを決め、それぞれのテーマでグループを作ります。さらにグループ内でどんな共通点があるのかつながりを探し、コミュニケーションを深めます。

ゲームデータ

■主体者のレベルの応用範囲
子どもから高齢者まで

■種別
座ってできる

■難易度
☆☆

■人数
10人～60人程度

■実施に好ましい場所
自由に動き回れるスペース

■必要な物品・設備
特になし

楽しみ方

①最初にグループを作るテーマを決めます。
（例・血液型、出身地、趣味、資格など）

②決まったテーマに沿ってそれぞれが当てはまるグループに分かれます。

③グループ内で、さらに他の共通点探しをして、お互いの親睦を深めます。

④制限時間内に、自分達のグループがどのような共通点やつながりがいくつあったか発表します。

ワンポイントアドバイス

★話すきっかけになるので、比較的関係が浅い状態やレク活動の初期段階で活用することをお勧めします。

★声かけ例
「（携帯電話）ソフトバンクの人多いですね」
「私も○○が好きですよ」

アレンジのヒント

● あらかじめテーマを準備して、カードなどに記入しておくと共通点を見つけやすくなります。
● ゲームを無言で行い、ジェスチャーなどでコミュニケーションしてみましょう。
● 「生まれ年」、「通学時間」、「早起き」のテーマも試してみましょう。

いろいろな色のイメージを広げよう

なに色？連想クイズ

問題やヒントから色を当てるゲームです。いろいろな物や景色を例に出して色を表現しましょう。

ゲームデータ

■主体者のレベルの応用範囲
子どもから高齢者まで

■種別
座ってできる

■難易度
☆☆

■人数
1人〜何人でも

■実施に好ましい場所
イスとテーブルのある室内

■必要な物品・設備
特になし

楽しみ方

①一人が物などの名前を出して、それがどんな色かを当てます。

＊「沖縄の海の色は？」(青)、「では内地の海の色は」(青緑)

②同じ色で別の物を連想して答えます。

「他に青色の物は何がある？」(空、信号など)

③一つの物にどんな色があるか答えます。

・「ハイビスカスはどんな色がある」(赤、ピンク、黄色など)

・「パンダは何色と何色」(黒・白)

④沖縄県の特色や特有のものをヒントにしてみます。

「沖縄の豚アグーは何色」(黒)、「沖縄の県魚は何で、どんな色？」(グルクン、赤)

⑤イメージの色を答えます。

「恋愛の色は？」(バラ色)、「落ち込んだ色は」(ブルー)、「驚いたときは」(真っ白)

アレンジのヒント

●色だけでなく丸、三角、四角といった形や共通点のあるグループを連想してみると面白いでしょう。

＊「木登りなどが上手な動物は？」(サル、コアラ、オランウータンなど)

キーワードからの直感力

「なに」つながり？

連想しやすい三つのキーワードを出して、そのつながりを自由に連想するゲームです。つながりは一つとは限りません。いろんなつながりを探してみましょう。

ゲームデータ

■主体者のレベルの応用範囲
子どもから高齢者まで

■種別
座ってできる

■難易度
☆☆

■人数
１グループ３～６人程度

■実施に好ましい場所
座れる場所

■必要な物品・設備
紙や黒板

楽しみ方

①３人～６人程度のグループを作り、グループごとに輪になって座ります。

②キーワードを絵か言葉で紙や黒板に書き、これらのつながりを探します。

③１つではなく他のつながりがないか、たくさん意見を出し合って楽しみます。

＊キーワードが「犬」、「鳥」、「熊」の場合は「動物」、「爪がある」、「漢字で書くと点がある」など

ワンポイントアドバイス

★キーワードは親しみやすく、連想しやすい言葉を選びましょう。

キーワードとつながりの例

・八百屋、豆腐屋、肉屋、服屋
（言葉に数字が入っている、お店屋、身近にある）
・たこ焼き、お好み焼き、焼きそば
（食べ物、鉄板、お祭り、ソース）
・牛、猫、馬
（動物、「海」をつけるとほかの動物になる。ウミウシ、ウミネコ、タツノオトシゴ）
・頭、心、目
（身体の部分、切れる・切る、熱くなる）
・テスト、おやじ、パズル
（難しい、めんどくさい、向き合うことに意義がある、時間がかかる）
・シンクロナイズドスイミング、新体操、ソフトボール
（スポーツ、オリンピック競技）

色・動物・楽器にたとえると

私の第一印象

初対面の相手や友人から見た自分の第一印象を表に書き入れ、発表することで、自分がどのように見られているのかを「楽しみながら知る」ことができるゲームです。

ゲームデータ

■主体者のレベルの応用範囲
子どもから高齢者まで

■種別
座ってできる

■難易度
☆☆

■人数
４人以上

■実施に好ましい場所
イスとテーブルがある室内

■必要な物品・設備
紙(私の第一印象シート)1人2枚ずつ、筆記用具

楽しみ方

①４人から６人程度のグループに分かれます。

②用意した「第一印象シート」にメンバーの名前を記入し、シートに書かれている質問に対して、それぞれのメンバーの印象を書き入れていきます。

③自分の欄にも記入します。相手が自分をどう見ているか想像しながら記入します。

④書き終えたら、一項目ずつ順に発表していきます。

⑤他のメンバーがあなたに対してどのような印象を持ったか、言われたことを別の「シート」に書き入れていくと、「あなた自身の第一印象シート」ができあがります。

ワンポイントアドバイス

★相手の顔をしっかり見て、想像しながら記入しましょう。

★発表は、一項目ずつ行います。例えば、「血液型について」全員のインタビューが終わってから、次の項目に移りましょう。

アレンジのヒント

●将棋の駒にたとえてみたり、会社の役職・職種をイメージしてみたりなど質問項目を変えてオリジナルのシートを作ってみましょう。

●クイズ形式にして発表しても楽しめます。

●「あなた自身の第一印象シート」を見て、自分がどのように見られているか分析して楽しんでください。

私の第一印象シート

		自分	比嘉さん	金城さん	上原さん	宮城さん
1	血液型は？	A	B	O	A	
2	休日の日の過ごし方は？	庭いじり	ドライブ			
3	動物（小鳥や魚も含む）にたとえると？					
4	嫌いな食べ物は？					
5	カラオケで歌いそうな曲は？					
6	季節にたとえると？					

チームで協力して高くつくろう

マシュマロタワー

限られた材料（マシュマロ、スパゲティー、セロテープ）で工夫して、なるべく高いタワーを作り、マシュマロがある位置で勝負を競います。

ゲームデータ

■主体者のレベルの応用範囲
子どもから高齢者まで

■種別
座ってできる

■難易度
☆☆

■人数
1グループ4人
何人でも

■実施に好ましい場所
テーブルがある場所

■必要な物品・設備
〈1グループ分〉
マシュマロ大(2個)、スパゲティー(20本)、セロテープ、ハサミ

楽しみ方

①4人1組のチーム対抗で、制限時間20分で行います。

②マシュマロ（2個）、スパゲティー（20本）とセロハンテープ（1m）、を材料にタワーを作っていきます。その際、パスタは切断しても構いません。

③完成したタワーの高さを計測します。計測の間（3秒間）倒れないで立っていなくてはいけません。

＊自立式のタワーなので、吊るしたりすることはできません。土台固定はテープで固定するか、しないか初めにルールを決めてから行います。

活用のヒント

●このレクリエーションは、参加者の個性がよく理解できます。班によって全員で協議して作成する班、1人のリーダーがみんなに指示をして全員で作る班、逆に、1人で全てを作成した班など、さまざまです。組織づくりや仲間づくりの段階で活用すると、リーダー的要素を垣間見ることができます。

第2章

グループワークの目的と活用法を知ろう

　グループワークを行うことで、メンバーが相互に影響を受け、個人が変化（成長、発達）することを目的としています。認め合うことを楽しみましょう。

　NASA が開発したサバイバルゲームや人間知恵の輪などの有名なレク材と回想法をアレンジしたレクリエーションを紹介します。

・人間知恵の輪
・ムカデ操縦士
・砂漠での生き残りゲーム
・権利の「熱気球」カード
・昔はおいくら？
・病気自慢大会
・もし○○だったら！

手をつないでコミュニケーション

人間知恵の輪

グループでとなりの人以外の人と両手をつなぎます。手をつないだままで、からまった「人間の知恵の輪」をほどいて大きな輪を作ります。できるだけ早くほどけたチームの勝ちです。

ゲームデータ

■主体者のレベルの応用範囲
子どもから高齢者まで

■種別
動き回る

■難易度
☆☆

■人数
1グループ6人～8人

■実施に好ましい場所
教室ぐらいの広さの場所

■必要な物品・設備
特にないが、ズボン着用が好ましい

楽しみ方

①はじめにグループごとに内側を向いて円になります。

②右手を挙げて、となりの人以外の人とつなぎます。左手は別の人とつなぎます。

③手をつないだまま知恵の輪をほどいていきましょう。つないだ手の下をくぐったり、場所を移動したりして大きな円か、2つの円(8の字)になったら成功です。

④手がねじれて痛い場合は、その手を組み直してください。ただし、同じ手をつなぎ続けます。

ワンポイントアドバイス

★からだに負担がかかっていないか、たとえば、肩の関節が無理にひねられるような格好になっていないかなど、注意しましょう。

★カラダが少しぐらい重なっても不快な気分にさせないようにしましょう。

アレンジのヒント

●慣れてきたら最初に制限時間を決めて行ってみましょう。

●いつもきれいに解けるとは限りません。そういうときは、一度だけ（状況によっては数回）手をつなぎ直すようにチャンスを与えます。ただし、つなぎ直す箇所は最小限にとどめます。

＊このレクリエーションは日本レクリエーション協会から引用

チームワークで目的物ゲット

ムカデ操縦士

8～10人で目隠しして一列に連なり、最後尾のコントローラー（操縦士）の指示で歩きながら目的物を探してキャッチします。合図によって基本動作を行うチームワークが重要なゲームです。

ゲームデータ

■主体者のレベルの応用範囲
子どもから高齢者まで

■種別
動き回る

■難易度
☆☆

■人数
1チーム8人～10人

■実施に好ましい場所
体育館などの床が平らな場所。室外可

■必要な物品。設備
目隠し用のタオルかアイマスク、目的物(ボール・ペットボトル・壁・固定遊具など)

楽しみ方

①8人から10人のチームに分かれ、コントローラー(操縦士)を決め、基本動作のサインを決めます。

＊基本動作：前後、左右、止まる、しゃがむなど

②目隠しをして前の人の肩に手をかけムカデのように一列になります。最後尾のコントローラー(操縦士)は、目隠しをせず全員に指示を出し、目的物を探します。また安全確保のため3番目の人も目隠しせず参加します。

③途中で目を開けたり、言葉で指示したり、肩にかけた手が離れたらスタート地点からやり直します。チーム対抗で先に目的物をつかんだチームが勝ちとなります。

ワンポイントアドバイス

★ウォーミングアップとして、20人程度で丸い円を作り、タイミングを合わせて座る「人間イス」をやってみると、よりチーム力が上がるのでおすすめです。

★目的物はテーブルを用意しその上に置きましょう。

アレンジのヒント

●基本的なサインについての意見を出し合い、チームで協力して取り組むと盛り上がります。

●制限時間を決めると、焦りが出て面白くなります。

●車イスの方が参加する場合、先頭で参加してもらいましょう。

●マジックハンドなどを活用しても楽しいです。

あなたのパイロットの適性は？

砂漠での生き残りゲーム

「砂漠に不時着した」という危機的状況を想定し、生き残るためには何が必要かを考える取捨選択ゲーム。12 のアイテムの必要性について順位を決めます。

ゲームデータ

■主体者のレベルの応用範囲
小学校高学年から

■種別
頭を使う

■難易度
☆☆☆

■人数
1 グループ 5 ～ 8 人程度

■実施に好ましい場所
テーブルがある室内

■必要な物品・設備
記入用紙 1 枚×人数分、ペン

楽しみ方

下記の内容を読み、12 の品物に重要と思われる順序に順位をつけます。個人で 10 分、グループで 20 分で順位を決定してください。
*尚、グループ討議のルールは 1 つ！ 多数決では決定しないこと。

ある日、午前 10 時ころ、あなた方が乗った小型飛行機がアメリカ合衆国の南西部にある砂漠の中に不時着しました。不時着した際、飛行機は大破炎上、操縦士と副操縦士は死亡しましたが、あなた方全員は奇跡的に大きなケガもなく無事でした。

不時着は突然で無線で救援を求める時間もなく、また現在位置を知らせる時間もありませんでした。しかし、不時着する前に見た周りの景色から、飛行プランに示されているコースから約 100 キロメートル離れたところにいることが分かっています。

また、操縦士は不時着前に最も近くの居住地は約 110 キロメートル南南西にあることだけをあなた方に告げていました。この付近は全く平坦で、サボテンが生えている以外は不毛の土地です。

不時着直前の天気予報では、気温は約 43 度になるだろうとのことで、地表の温度は 50 度にもなるであろうと予測できます。あなた方は軽装〈半袖シャツ・ズボン・靴下・スニーカー〉であり、各々一枚のハンカチとサングラスを持っています。また全員で 8 ドルの小銭と 100 ドルの紙幣、1 箱のタバコとボールペンが 1 本あるのみです。

ただ、飛行機が燃えてしまう前に、あなた方は次の 12 の品物をかろうじて持ち出すことができました。あなた方の課題は、生き残るために重要と思われる順に 1 から 12 までの順位を付けることです。

12 の品物

品　　名	個人順位	個人誤差	グループ順位	グループ誤差
①食塩				
②懐中電灯（乾電池入り）				
③赤と白のパラシュート				
④方位磁石				
⑤約 2 リットルのウオッカ				
⑥大きなビニール製雨具				
⑦ 1 人につき 1 リットルの水				
⑧化粧用鏡				
⑨ 1 人 1 着の軽装コート				
⑩装填済み 45 口径ピストル				
⑪この地域の航空写真の地図				
⑫本『食用に適する砂漠の動物』				
合　　計	—		—	

＊誤差＝順位－正解＊誤差の合計＝得点（得点の小さいほうが勝ちです）

【答え】

品　　名	順　位	理　　由
①食塩	12	塩は脱水症状を促進する
②懐中電灯（乾電池入り）	4	夜の救助に光で知らせる
③赤と白のパラシュート	5	広げて空からの目印にする
④方位磁石	8	捜索隊の発見を目的とするため必要性は薄い
⑤約 2 リットルのウオッカ	11	余計のどが渇き脱水を促進する
⑥大きなビニール製雨具	6	砂嵐から身を守るため
⑦ 1 人につき 1 リットルの水	3	不可欠だが発見して貰うことが最優先
⑧化粧用鏡	1	光が遠くまで届き、捜索隊への信号になる
⑨ 1 人 1 着の軽装コート	2	太陽から身を守るため
⑩装填済み 45 口径ピストル	7	拳銃の音で知らせる。動物対策
⑪この地域の航空写真の地図	9	捜索隊の発見を目的とするため必要性は薄い
⑫本『食用に適する砂漠の動物』	10	動物の捕獲は体力を奪い、脱水症状を促進する

＊このレクリエーションは NASA ゲームから引用

自分の価値観について考えてみよう

権利の「熱気球」カード

助かるために自分の権利（大切なもの）を１つずつ捨てていかなければならない状況下で、自分にとって何が大切であるかを再考する権利選択ゲーム。

ゲームデータ

■主体者のレベルの応用範囲
子どもから高齢者まで
■種別
頭を使う
■難易度
☆☆☆
■人数
１グループ５～８人程度
■実施に好ましい場所
テーブルがある場所
（室内でも室外でも可）
■必要な物品・設備
記入用紙１枚、ペン

楽しみ方

このレクリエーションは熱気球に乗って上空をゆっくりただよっていると仮定して進めます。途中アクシデントに遭い、だんだん高度が下がっていきますが、墜落を避けるために権利カードを一つずつ選びながら墜落を防いでいきます。またなぜそれを捨てたのかを発表していきます。

①「あなたは、10個の権利を持って気球に乗っています。ところが、故障して、だんだん気球が落ちてきて、サメのいる海に落ちそうです。気球を軽くするためにどれか二つの権利を手放さなければなりません。さて、どれを捨てますか？」
「なぜ、それを捨てましたか？発表してください。」

②「今度は山に差し掛かりましたが、おそろしい熊が下で待ち構えています。また、二つ権利を捨てなければなりません。どれを捨てますか？」

③「今度は、ジャングルの上です。ワニがいます。捨てられるだけ捨てて気球を軽くしてください。」

④最終的にどうしても捨てられなかった権利は、いくつ残っていますか？ 残っている権利の中で大切な順に並べてください。どういうものを残したのか、あなたにとってなぜそれが大切か発表します。

〈権利のカード〉例

ア．きれいな空気を吸う権利

イ．遊べる（休養できる）時間を持つ権利

ウ．自由にできるお金をもらう権利

エ．毎年、旅行をして休暇を楽しむ権利

オ．みんなと異なっていることを認められる権利

カ．正直な意見、本当の気持ちを言う権利

キ．いじめられたり、命令されたりしない権利

ク．私だけの部屋を持つ権利

ケ．毎日、十分な食べ物ときれいな水を得る権利

コ．人を愛する権利

アレンジのヒント

- 社会人として大切なことをイメージしてみるなど、質問項目を書いてオリジナルカードを作ってみましょう。
- 社長になる権利、年収2000万円をもらう権利、週休3日を認められる権利、上司から命令されたりしない権利、自由出勤ができる権利、上司を選べる権利、など。

先に捨てる権利 →									後まで残す権利

タイムマシーンに乗って過去にタイムスリップ

昔はおいくら？

昔の思い出話を当時の流行などヒントとなる出来事を語りながらモノの価値や値段をあてるゲームです。参加者から同意を得られたグループが勝ちとなります。

ゲームデータ

■主体者のレベルの応用範囲
大人から高齢者向け

■種別
座って遊ぶ

■難易度
☆

■人数
1グループ5～8人程度

■実施に好ましい場所
イスとテーブルがある場所

■必要な物品・設備
記入用紙1枚×人数分、ペン
＊時代背景を事前に調べておこう！

楽しみ方

①グループごとで輪になって座ります。支援者が「昭和●○年代」など時代を設定し、その時代の思い出話を引き出します。

②次にヒントとなる当時のテレビドラマや思い出の歌、自分の一身上の出来事などを話しながら、問題を出してみましょう。

＊「昭和30年代の沖縄ではナポレオンウイスキーの値段や価値はどうだったのでしょう。」

③2～3分程度グループで話が終わったら、グループごとで値段やエピソードを発表します。発表された値段の中で賛同者が多いグループが勝ちとします。

④「今ならそのお金で何をしますか？」など話を膨らませてから終わりましょう。

ワンポイントアドバイス

★声かけ例
「昔のことだからゆっくり思い出そうね」「初めてテレビを買ったのはいつ頃かね」「何年頃内地にいましたか」

★参加者の年齢や性別に配慮しながら時代情景を設定し、写真や当時の歌謡曲で盛りあげましょう。

アレンジのヒント

●たばこ、銭湯、映画代、コーラなど、身近なものをみんなで思い出しながら当ててみましょう。

●「あなたは、今から昭和30年代にタイムスリップします」と言いながらミニカーをタイムマシンに見立てリアル感を出してみましょう。

自己紹介のかわりに持病自慢

病気自慢大会

過去の病歴や手術、薬、病院、健康法の話などは、共通の話題として意外に話が広がります。話すことで不安解消や昔のことを思い出す手だてとなったりします。高齢者向き。

ゲームデータ

■**主体者のレベルの応用範囲**
大人から高齢者向け

■**種別**
座ってできる

■**難易度**
☆

■**人数**
1人〜何人でも可能

■**実施に好ましい場所**
イスやテーブルのある場所

■**必要な物品・設備**
絵や写真など

楽しみ方

テーマは、子どもの頃の病気、初めての入院、妊娠・出産、手術の傷、骨折、持病など、病気や健康に関する話題とします。それについてみんなで話をします。

ワンポイントアドバイス

★病気の不安解消、情報収集を行うためにも、持病について話す時間を持つことは重要です。特に高齢者に対しては、病気も昔のことを思い出す一つのレク材だと考えてください。まさに回想法です。ゆったりした気持ちで共有しましょう。

アレンジのヒント

●過去の病歴や手術内容、病院で知り合った友達、現在の持病についての不安などみんなで共有できるように話をしてみましょう。

●健康の秘訣自慢も面白いかも。

もしも宝くじが当たったら、どうしますか？

もし○○だったら！

お題に沿って、自分だったらと想像しながら話を展開させて会話を楽しみます。その会話内容から人となりを知る手がかりにもなり一種の自己紹介ともなります。

ゲームデータ

■主体者のレベルの応用範囲
子どもから高齢者まで
■種別
座ってできる
■難易度
☆

■人数
1グループ4人～8人程度
■実施に好ましい場所
イスとテーブルのある場所

■必要な物品、設備
紙と鉛筆

楽しみ方

①はじめに「もしも○○だったら」というお題をいくつか提示します。参加者は頭の中で考えながら答えを紙に書きこみます。1つのお題に対し複数の答えを書いてもかまいません。

②次に、グループ内で実現不可能なものから、夢や無理難題なことまで、お題をみんなで考えて答えていきましょう。
たとえば、
「宝くじ7億円が当たったら？」
「ドラえもんの道具で何を使いますか？」
「戻れるとしたらいつ頃に戻りたいですか？」
「透明人間になったら何をしますか？」

アレンジのヒント

●発表の際は、単に回答を述べるだけでなく、「どうしてそう思うのか」「それにまつわるエピソード」など、少し掘り下げた話も盛り込むようにしましょう。

第3章

レク・スポーツの楽しさを知ろう

レク・スポーツとは、軽い運動を伴うさまざまなレクリエーションスポーツのことです。勝ち負けを競うのではなく、共に楽しむという意味で、「競技」ではなく「共技」という表現も用いられます。

・手投げゴルフ
・ビー玉カーリング
・ジャンケンサッカー
・テーブルホッケー
・風船バレー＆リレー
・リアル野球盤
・砲丸・やり・ハンマー投げ選手権
・雪（タオル）合戦
・コインリレー

十円玉二枚で遊べるゴルフ

手投げゴルフ

作った羽根を、手で投げてひもで作った輪の中に入れ、回数や得点を競うゲーム。上手に羽根を作って楽しみましょう。

ゲームデータ

■主体者のレベルの応用範囲
子どもから大人まで

■種別
体を使う

■難易度
☆☆

■人数
２人～

■実施に好ましい場所
室内・廊下・屋外

■必要な物品・設備
10円玉２枚・チラシ縦13cm×横18㎝
マジック・色鉛筆、荷造りひも

羽根の作り方

①チラシを縦13cm×横18㎝（チラシ約4分の1）に切ります。

②チラシの中央に10円玉2枚を置き、チラシをねじって羽根を作ります。

＊左手の親指と人差し指で輪を作り、その上に広げたチラシと10円玉を乗せ、右手で十円玉を押して輪の中に通します。左手はそのままの状態で右手でチラシをねじると羽根がきれいにできます（右図参照）。

③マジックやチョーク、色鉛筆などで羽根に自分の好きな色を塗りましょう。

＊羽根は投げると10円の重みで立ち上がります。

楽しみ方①

①荷造りひもで直径15cm程の輪を作り、ゴルフのカップに見立てます。

②カップから、2メートル～15メートルぐらい離れて羽根を投げ入れます。羽根が輪に入るまでの回数を競いましょう。

＊投げ方は、下手投げで投げるようにします。

ワンポイントアドバイス

★羽根作りの時は、羽根先が曲がらないように気をつけましょう。

★声かけの例
「ホールインワン目指して頑張りましょう!!」
「○○さん、上手ですね～」
「今度は輪をもっと遠くに置いてみましょう。」
「だんだんコツを掴んできましたね♪」

★ペタングのように枠に一番近く投げることを競うゲームや落下地点の目標を参加者やスタッフの似顔絵にするだけで楽しさが広がります。

★賞品や景品を豪華にすると参加者率が上がります。

楽しみ方②

①カップの代わりに大きな紙（B3 ぐらい）に枠と点数を書き入れ、的とします。枠は二色に色分けし、チーム戦で競います。（枠１つの大きさは 15㎝× 15㎝）

② 2チームに分かれて、１人１投ずつ、２回に分けて羽根を交互に投げます。
赤は赤の枠に入れば得点となり、白は白の枠に入れば得点となりますが、違う色に入った場合は得点にはなりません。

＊他の羽根が当たって移動した場合も移動したところでの得点が入ります。線上で止まった場合、得点が高いほうで計算しましょう。

③何回か投げ、合計得点を競います。

10	10	10	10	10	10
10	30	30	30	30	10
10	30	50	50	30	10
10	30	50	50	30	10
10	30	30	30	30	10
10	10	10	10	10	10

アレンジのヒント

●廊下や外にも出て、自然の地形を利用したロングホールや、廊下や教室など障害物を設定したコースなど、そのつどみんなで決めながら楽しみましょう。

●コースの難度によって輪の大きさを変えてみましょう。

机上の的をねらって

ビー玉カーリング

ペットボトルのキャップと長テーブルを使ってビー玉で作ったストーンを投げて点数を競うカーリングゲームです。

ゲームデータ

■主体者のレベルの応用範囲
子どもから大人まで

■種別
体を使う

■難易度
☆☆

■人数
グループ４人、
２グループで対戦

■実施に好ましい場所
長テーブル４個を囲めるスペース

■必要な物品・設備
長テーブル４個
〈ストーン１個分〉
ペットボトルのキャップ４個、ビー玉４個、ビニールテープ

ストーンの作り方

①ペットボトルのキャップ４個を裏にしてビニールテープを十文字に貼り付けます。

②その周囲をテープで２周ほど回し、固定しましょう。できるだけキャップが平らになるようにしてください。

③最後にくぼみにビー玉を４つ入れたら完成です。

＊人数分×２のストーンが必要になります。

ペットボトルのキャップ4個をビニールテープでつなぐ
裏にビー玉を入れる

楽しみ方

①先攻・後攻を決め、相手チームと交互にストーンを１個ずつテーブル（または床の上）を滑らせ、円の中心に味方のストーンが残るようにします。

②２巡で１エンド（１回戦）とし、得点は両チームがストーンを投げ終わった時点で決まります。ラストシーンでの一発逆転があるので、後攻の方が有利です。

③２エンド目からは前のエンドで得点を入れたチームが先攻となります。１試合５エンド行い、合計得点の多い方が勝ちとなります。

ワンポイントアドバイス

★投球コースや場所について仲間同士で作戦を立てながら楽しみましょう。

★投げ方のポイントは身体とストーンを同じスピードで前方へ押し出すように、投球動作を行うことです。強すぎるとビー玉がはじけ出たりします。指と手の引き方のバランスが大切です。

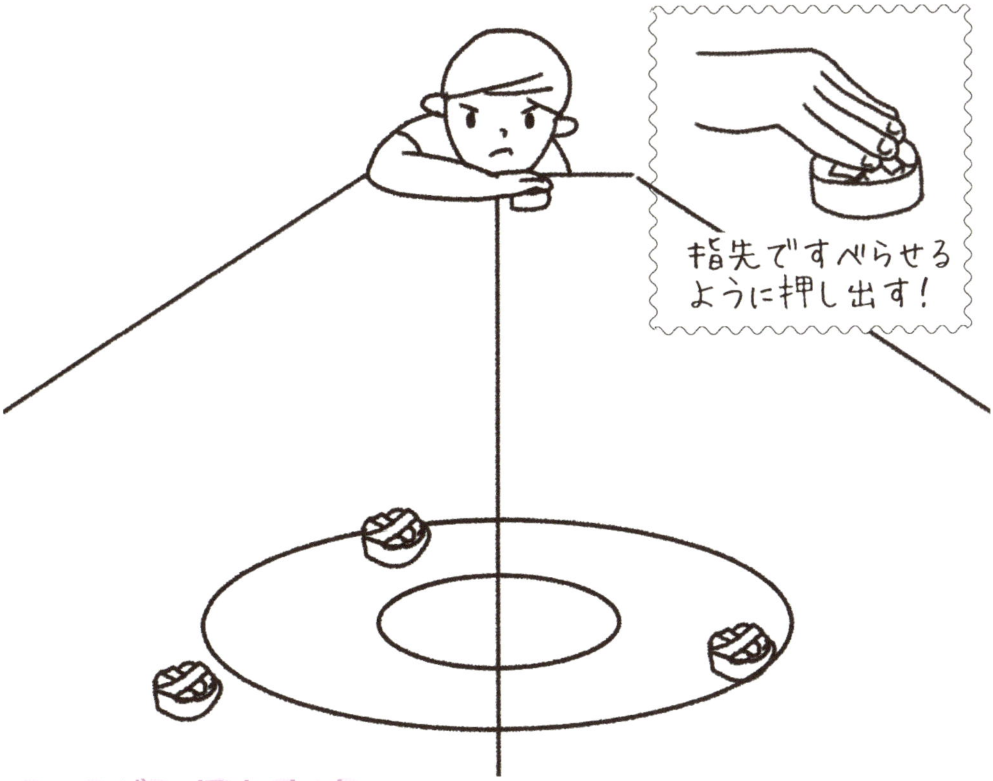

カーリングの得点方法

☆円の中心に最も近いストーンのチームがそのエンドの勝者になります。勝ったチームの得点は相手のチームのストーンよりさらに中心に近いストーンの数だけ得点となります。（相手チームは０点）

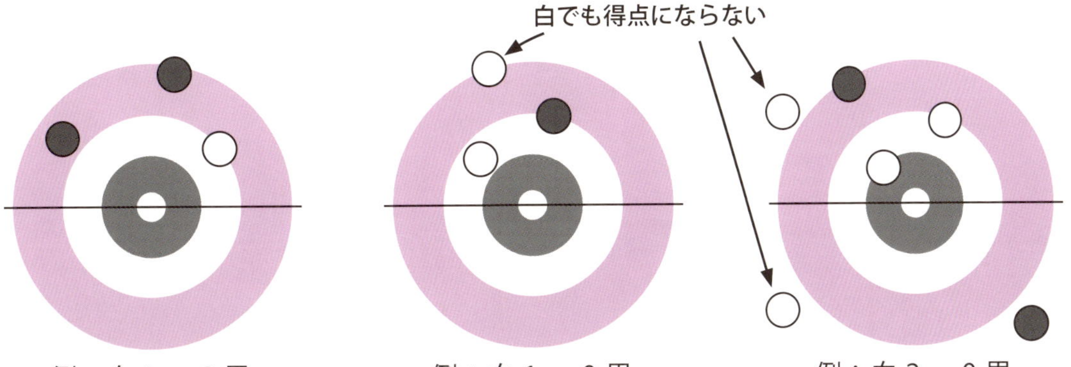

例：白１－０黒　　例：白１－０黒　　例：白２－０黒

アレンジのヒント

- ●だんだん慣れてきたら、ビー玉が外に飛び出した場合は無効とするなど、新たなルールを決めて楽しみましょう。
- ●長テーブルだけでなく、廊下で行うなど色々な場所で楽しみましょう。

ボールを蹴る変わりにジャンケンで進む

ジャンケンサッカー

ジャンケンに勝ったら前へ前へ進み、敵側のゴールキーパーと対戦し、得点を決めます。ジャンケンを楽しみながらチームで協力して勝敗を争います。

ゲームデータ

■主体者のレベルの応用範囲
子どもから大人まで

■種別
体を使う

■難易度
☆

■人数
10 ～ 40 人程度

■実施に好ましい場所
バスケットボールのハーフコート程度の広さ

■必要な物品・設備
得点をした時に渡すメダル

楽しみ方

①２チームに分かれ、先攻・後攻を決めます。守備チームは１戦目から４戦目（ゴールキーパー）までの守備陣隊形を作って並びます（下図参照）。

②攻撃チームは相手チームの最前列へ行き、ジャンケンします。ジャンケンに勝ったら２列目に進み、負ければスタートラインに戻り再スタートします。勝ち進んで４列目のゴールキーパーまで来て、２回連続でゴールキーパーに勝つと得点となります。得点した人にはメダルを渡します。

③１分（初級）～２分（上級）時間を決めて攻守を交代し、得点と失点で勝敗を競います。

アレンジのヒント

●ジャンケンを顔や足、カラダ全体を使ってみたり、逆に負けたほうが進めるなど変化させましょう。また、負けた時に、チームごとに「負のポーズ」などしてみると面白くなるでしょう。

●ジャンケンも１回勝負から３回勝負まで勝ち数を変えてみましょう。

●攻撃側はスタートラインにできるだけ早く戻り、再スタートできるかどうかが勝敗を左右します。なるべく歩かないように。

テーブル上でボールを押し返す

テーブルホッケー

ピンポン玉やおもちゃのゴルフボール、あるいはレジ袋で手づくりのボールに、ペットボトルをスティック替わりにしてホッケーを行います。反射神経も鍛えられます。

ゲームデータ

■主体者のレベルの応用範囲
子どもから大人まで

■種別
座ってできる

■難易度
☆☆

■人数
６人～８人

■実施に好ましい場所
長テーブル６個と囲めるスペース

■必要な物品・設備
長テーブル６個、ペットボトル６本2L用、レジ袋(おもちゃのゴルボールまたはピンポン玉)

楽しみ方

①ボールは市販のおもちゃのボールを使用する場合と作って楽しむ場合があります。作って楽しむ場合は、レジ袋をふくらませてボールを作ります。パンパンに空気を入れず、ある程度やわらかい状態で口を結びます。結んだ部分や袋の角がとがった部分を内側に押し込んでセロハンテープで留め、形がボール状に丸くなるようにします。

②長テーブルを囲んで座り、ペットボトルで作ったボールをたたいて、2回までに誰かに打ち返します。

アレンジのヒント

●ボールを手のひらでパンパンはじいて遊んでみましょう。慣れたら連続で何回できるか競争してみましょう。
●中央に障害物を置いたり、ボールの数を増やしたりして楽しみましょう。時間、ポイント、スペース、人数制限等いろいろと変化させると楽しさが広がります。

大きな風船のボールで遊ぼう

風船バレー＆リレー

風船はバレーボールと違ってコントロールが難しいですが、軽いので誰でも楽しめます。風船バレーと、風船をトスしながら列の後ろへ渡していく風船リレーも試してください。

ゲームデータ

■主体者のレベルの応用範囲
子どもから大人まで

■種別
体を使う

■難易度
☆☆

■人数
1グループ6人〜
2チーム対戦

■実施に好ましい場所
バトミントンコート程度の広さ（6m × 13m）

■必要な物品・設備
風船（6個）、ひも

風船ボールの作り方

①風船ボールは6個の風船を使って作ります。

②まず6つの風船を同じ大きさに膨らませ、2個ずつ結んでつなぎあわせます。バラバラにならないよう、しっかり結んでください。

2こずつ結んだ風船を
ねじりあわせて6こに

楽しみ方①

① 1メートルぐらいの高さにヒモを張り、それをネット代わりにします。2チームに分かれて対戦します。

②バレーボール形式で3回でレシーブ、トス、スパイクなどをし、相手コートに返します。先に10点取った方が勝ちとなります。

ワンポイントアドバイス

★声かけ例

「今日はいつもの風船バレーではありませんよ！ちょっと豪華に風船を6つ使って行います」

「○○さんのグループは息がぴったりですね〜」

「今度はリレーです。後ろに送る時ははじきますよ」

「両手では持たないでください」

「だんだん上手になってきましたね！ぼちぼちとやってください」

楽しみ方②　風船リレー

グループごとに１列に並んで風船をトスしながら後ろへ渡して行きます。最後の人に届くまでの速さを競います。

アレンジのヒント

- チーム対抗戦では、笛などを使って審判等をするといつもと違った雰囲気になります。
- 風がなければ屋外の駐車場でも楽しめます。
- 結ぶ風船の数を増やすと落下スピードが速くなり、コントロールがしやすくなり、競技レベルは高くなります。参加者のレベルに合わせて風船の数や大きさを決定してください。
- 参加メンバーの身体的機能に合わせてポジションを工夫してください。たとえば右麻痺のある方は、右サイドに配置すると身体の左側を使ってプレイできます。

「ミニ野球」を楽しもう

リアル野球盤

アナログゲームの定番「野球盤」を再現、教室や駐車場など身近な場所でスペースに合わせてできる野球ゲームです。イスや段ボールを配して試合します。

ゲームデータ

■主体者のレベルの応用範囲
小学校高学年から大人まで

■種別
体を使う

■難易度
☆☆

■人数
10 人～ 20 人程度

■実施に好ましい場所
10m × 10m ぐらいのスペース

■必要な物品・設備
イス 3 個、段ボール 7 個、2L 用のペットボトル、ソフトボール程度のビニールボール

楽しみ方

①スペースに合わせて 1 塁、2 塁、3 塁を決め、イスを置きます。次に段ボール箱を用います。「ヒット」「2 塁打」「3 塁打」「ホームラン」の箱、「アウト」3 個の合計 7 つの箱をフィールド内にランダムに置いていきます。

②先攻・後攻を決めてプレイボールです。守備側のチームは空いたスペーに外野手 3 人を守りにつけます。攻撃側のチームは打者となります。

③打者に向ってピッチャーが正面からボールを転がし、バッターはペットボトルバットで打ち返します。ボールが入った段ボールの指示に従って出塁し、イスに座ります。またどこの段ボールにも入らない場合はファールとなります。

アレンジのヒント

●壁に「アウト」や「ホームラン」と書かれた紙を張り付けたり、守備人のかわりに段ボールを置くと、狭い場所や少人数で行うことが可能です。

●ボールやバットは、参加者に応じてアレンジして楽しみましょう。

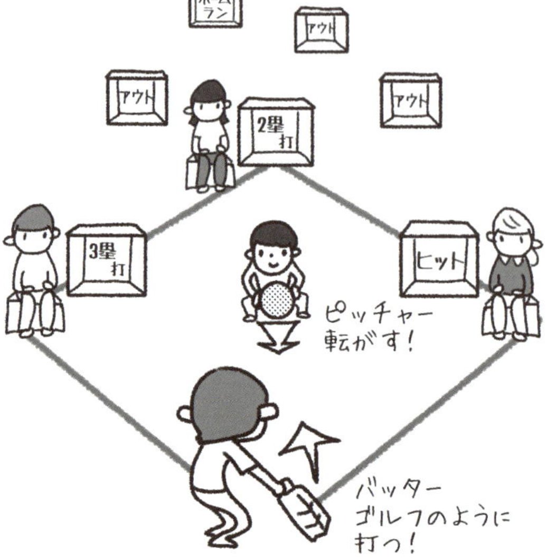

新聞紙とタオルで選手権

砲丸・やり・ハンマー投げ選手権

新聞紙を丸めた砲丸、新聞紙を細長く巻いて作った棒状のやり、最後にタオルの片側を固く縛って作ったタオルハンマーを作って投げる。「なんちゃって、陸上選手権ゲーム」です。

ゲームデータ

■主体者のレベルの応用範囲
子どもから大人まで

■種別
体を使う

■難易度
☆☆

■人数
1人～何人でも可能

■実施に好ましい場所
直線で5～6mが確保できる場所

■必要な物品・設備
新聞紙、セロハンテープ、タオル

楽しみ方

①3種目の競技で共通して、スタートライン(円)から飛距離を競います。投げ終わったらメジャーで飛距離を測定して競います。

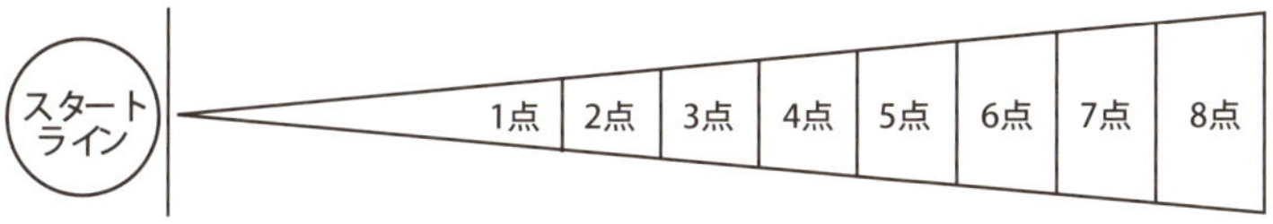
スタートライン
1点
2点
3点
4点
5点
6点
7点
8点

砲丸投げ

新聞紙1枚を丸めて砲丸を作り、2～6人のグループで各1回ずつ×2巡投げて飛距離を計測し順位決定しましょう。

やり投げ

新聞紙をできるだけ長く巻き、端をセロハンテープで止めてやりを作ります。それを投げて飛距離を計測し順位決定しましょう。

タオルでハンマー投げ

投げる人は、円の中からはみ出さないように片側を固く縛ったタオルを投げ、距離を競います。全員が投げ終わったら距離を確認して総合順位を決めましょう。

ワンポイントアドバイス

★陸上競技大会のように選手紹介などをやってみましょう。

★オリンピックなどの大会があるときに合わせて楽しむと参加者の意欲が高まります。

丸めた新聞
細長く巻いた新聞
片方を固くしばったタオル

当たっても痛くない雪玉！

雪（タオル）合戦

タオルをねじって作った雪玉を使って、雪合戦のように相手の陣地をめがけて投げあうものです。タオルだと当たっても痛くないので安全です。

ゲームデータ

■主体者のレベルの応用範囲
子どもから高齢者まで
■種別
体を使う（車イスも可）
■難易度
☆

■人数
10 人～ 40 人程度
■実施に好ましい場所
室内 10m × 10m 程度
（教室程度の広さ）

■必要な物品・設備
1 人あたりタオル 2 枚

雪玉の作り方

①タオルの両端を持ってねじります。
②さらに 2 つに折って軽くねじります。
③ワッカの中に反対側の端を入れたら完成です。ただ結んだだけでも OK です。
＊タオルは細長いスポーツタオルなどが望ましいです。

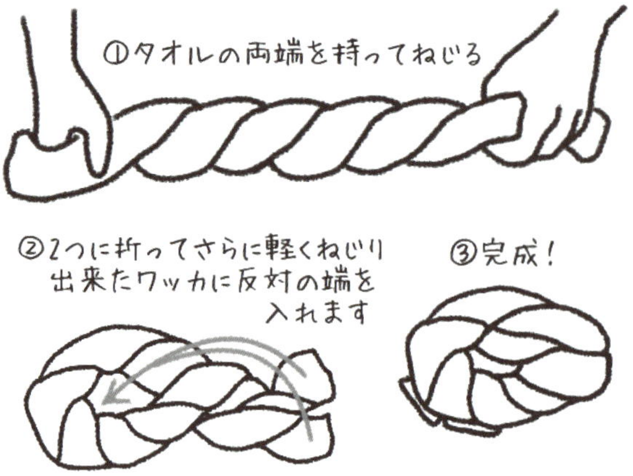
①タオルの両端を持ってねじる
②2つに折ってさらに軽くねじり
出来たワッカに反対の端を
入れます
③完成！

ワンポイントアドバイス

★タオルを人に当てることが目的ではなく、相手の陣地に投げることが目的です。故意に人に当てないようにしましょう。

★普通のボールより大きく軽いので、高齢者でもつかみやすくなっています。

★声かけ例
「さあさあ！たくさん拾って投げましょう！」
「そんな強く投げないでくださいよ～」
「すごい遠くまで飛んでいきましたね！」

楽しみ方①

①タオルを丸めて雪玉を作り、作った雪玉を 1 人 2 個持ちます。
②まず 2 チームにわかれて線を挟んでそれぞれの陣地を作ります。
②スタートの合図で雪玉を敵の陣地に向かって投げ合います。雪は融けるので 3 秒以上持てません。時間（約 60 秒）が来たらストップしてください。

楽しみ方②

①10人の場合、5人ずつ2組に分かれて向き合います。

②白タオルで作った雪玉をそれぞれ一個、端の人だけ色付きの雪玉を持ちます。かけ声に合わせて全員が一斉にクロスするように斜め右の人に投げます。

③投げると同時に、自分に投げられた玉をキャッチします。

④これを繰り返して一周して色付きのタオルが最初に人に戻ってくるまでのタイムを競います。

⑤チャレンジは3回までとし、一番良い記録をチームの記録とします。

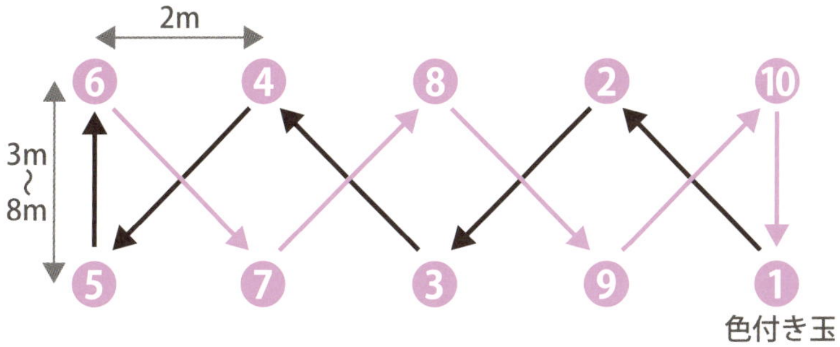

ワンポイントアドバイス

★声かけ例

「雪玉が当たったみたいですが大丈夫？」

「ボールを拾うときに、前傾姿勢になりすぎて、前にころばないよう、気を付けてください。」

腕の調整力を鍛える

コインリレー

手の甲を使ってコインをリレー形式で運びながら遊びます。まずは、小さくて軽い1円玉か100円玉で挑戦。そして500円玉にもチャレンジしてみましょう。高齢者のリハビリとしても活用できます。

ゲームデータ

■主体者のレベルの応用範囲
子どもから高齢者まで

■種別
体を使う

■難易度
☆☆☆

■人数
1グループ5人以上

■実施に好ましい場所
参加者が向かい合える場所

■必要な物品
1円玉、100円玉、500円玉

楽しみ方

①参加者は2チームに分かれ横1列に並びます。

②列の最初の人から手の甲にコインをのせ、落とさないようにしながら隣の人の手の甲に移していきます。

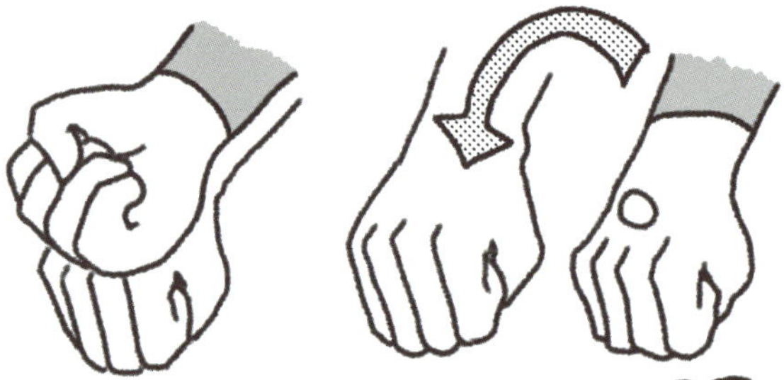

ワンポイントアドバイス

★声かけ例

「○○さん、速い速い！」

「今度は一度、右手から左手へ移してから次の人に渡しましょう」

「落とさないように急いでください」

★手首等の関節が思うようにコントロールできなくなる高齢者の方の簡単にできるリハビリとして活用できます。

アレンジのヒント

●慣れてきたら、自分の左手から右手へ一度移してから、次の人に渡してみましょう。

●500円玉は大きくて重さもあり扱いにくいので、まずは1円玉からスタートしましょう。

●リレーで運ぶものをコインから空き缶に変えてみたり、変化も楽しみましょう。

第4章

ことば・漢字レクの広がりを知ろう

ことば・漢字レクは、高齢者には認知症の予防、子どもたちにはコミュニケーションツールとして、どの年代とも違和感なく交流できる便利なレクリエーションです。

しりとりをアレンジしたものやスパイのように暗号を読み解くゲームなど簡単で知的なレクリエーションを紹介します。

- 元気の「気」ゲーム
- うたしりとり
- 暗号ゲーム
- 無言しりとり
- 言葉をつくろう
- 漢字連想クイズ
- 動物ビンゴ
- ひらがなバラバラ事件
- へんつくりゲーム

「気」がつく熟語は300個以上

元気の「気」ゲーム

「気」という漢字が入る熟語を書き出していく漢字遊びです。これ以上思い出せなくなったらゲーム終了です。がんばってたくさん考えてみましょう。

ゲームデータ

■主体者のレベルの応用範囲
小学校高学年から高齢者まで

■種別
頭を使う

■難易度
☆☆

■人数
2人組で何組でも

■実施に好ましい場所
イスとテーブルがある場所

■必要な物品・設備
黒板または紙とペン

楽しみ方①

①黒板やボード、大きな紙に順番に自分の思いついた「気」のつく熟語を書いていきます。

②同じ熟語を書いた人やこれ以上思いつかない人は負けとなります。より多く書けた人が勝ちとなります。

〈主な熟語〉

元気・気分・気合い・気圧・気持ち・病気・気宇・気炎・排気
気後れ・気落ち・気温・気概・気象・気体・気付く・勇気・正気
天気・弱気・強気・根気・蒸気・海気・気兼ね・気構え・気軽
気球・気配り・気位・気管支・気配・色気・本気・浮気・気候
気質・気苦労・気取る・気障・気負う・気孔・気丈・気さく
気勢・気立て・気疲れ・気長・陽気・気乗り・気迫・気移り
気早・気晴らし・気品・気泡・気骨・気紛れ・気前・気弱
気楽・気力・気高い・気色・気短・気風・気抜け・気絶・意気
雲気・艶気・英気・鋭気・王気・気丈夫・気随・気筒
気鬱・鬼気・義気・客気・景気・空元気・健気・堅気・呼気
語気・好景気・惚気・才気・磁気・臭気・小生意気・神気・節気
俗気・損気・稚気・覇気・怖気・呆気・蜃気楼・霊気
気味・男気・色気・吐き気・邪気・気功・気道・食い気

ワンポイントアドバイス

★車イスの人など自分で書きに行くことができない人は、職員に書いてもらうとよいでしょう。

★みんなが見えるよう、大きい文字で見やすく一文字一文字書きましょう。

楽しみ方② 文章を作って楽しもう

たくさんの「気」の熟語が集まったら、今度はこの熟語を用いて様々な文章を作って、みんなの前で発表してみよう！「気」の大切さがよりわかって楽しめます！

例「今日は（天気）が良く（気分）もいいので、（勇気）を出して（気晴らし）に街まで出てきました。すると昨日までの（気弱）な自分とは別人のように、ますます（気力）が湧き出るようになりました。私にとって歩くことは（気負う）ことなく（気軽）に楽しめ（やる気）が出てくる一番の薬だと実感しています」

例「（雰囲気）が良いこの場所で（勇気）を出し（気持ち）を伝えたら、断られた。けれど（気丈）に振る舞う自分は（健気）だった」

ワンポイントアドバイス

★声かけの例
「すごいですね。この調子でたくさん挙げてください」
「ほかにもありますよ。思い出してください。」
「○○さんたくさん見つけましたね～！」
「日常会話の中にも隠れていますよ～」
「今日あまり見つけることができなかった方も次回また挑戦しましょう！きっとたくさん見つけられます」

アレンジのヒント

●中学生から大学生なら２～４名程度、社会人から高齢者なら３～５名程度のグループで順番に答えたほうが楽しくできます。また、前のグループが書いて 30 秒前後に次のグループが書くなどの時間制限をもうけるとよりスリルが増します。

歌をたくさん思い出そう

うたしりとり

歌のワンフレーズを歌って、最後に止めた語尾からしりとりで歌をつないでいきます。先に５曲、はやく思いついた人が勝ちです。

ゲームデータ

■主体者のレベルの応用範囲
子どもから高齢者まで

■種別
座ってできる

■難易度
☆☆☆

■人数
何人でも

■実施に好ましい場所
どこでも可能

■必要な物品・設備
特になし

楽しみ方

①はじめに「童謡」とか「J-POP」「演歌」など歌のジャンルを決めます。

②歌のワンフレーズ、あるいは好きなところで止めた語尾で始まる歌をしりとりでつないでいきます。思いついた人は何曲でもどんどん歌っていきます。

＊例えば「森のくまさん」なら「ある日森のなか♪」で止めます。次の人が「かーらあすなぜなくの、からすはや～ま」で「ま」で止めると「まいごのまいごの子猫ちゃん～」という風に続けます。

③「子猫ちゃん」のように「ん」で終わるとお手つきとなります。お手付きの場合は、上がりを６回に増やすか、あとワンフレーズ歌を続けてみましょう。

③メンバーの中で先に５回歌った人が勝ちです。

ワンポイントアドバイス

★声かけの例
「○○さん、クマが出てくる歌がありましたよね」
「黒い鳥は何って言いましたっけ？」

スパイ気分で暗号を考えよう

暗号ゲーム

グループに分かれて数字で暗号を作り、その暗号を解いてもらいます。解けたら次の人に問題を出していき、はやく全員が解けたグループが勝利です。

ゲームデータ

■主体者のレベルの応用範囲
子どもから高齢者まで

■種別
頭を使う

■難易度
☆☆

■人数
6人以上

■実施に好ましい場所
イスと黒板(ホワイトボード)がある場所

■必要な物品・設備
黒板 or ホワイトボード or 紙とペン、マジックなど

楽しみ方

① 2チームに分かれて、それぞれのチームの一番手の人が暗号を考え、黒板にその暗号を書きます。

＊暗号例：4649→よろしく、874⇒はなし、15⇒いちご、312⇒さいふ、093⇒おくさん 343⇒さしみ、529→呉服

②チームの二番手が一番手の暗号を解読します。正解したら次は二番手が三番手に新しい暗号を出題し、どんどん次の人に回していきます。

③先にチーム全員に回せたチームの勝ちとなります。

アレンジのヒント

●数字以外で暗号を作ってみる。
（例：AKB→アキバ・KY→空気読めない・JK→女子高生、等々）

●あいうえお表を使う
あいうえお⇒11　12　13　14　15
かきくけこ⇒21　22　23　24　25
さしすせそ⇒31　32　33　34　35となります。
例文：おはようございます⇒15　61　83　13　233　12　71　33など表を作って楽しもう。

●解読時間などに制限を加えると難易度が上がり高度になるでしょう。

絵で描いてしりとり

無言しりとり

言葉には出さずに、絵を描いてしりとりします。絵が上手な人も下手な人も楽しめます。

ゲームデータ

■主体者のレベルの応用範囲
子どもから高齢者まで

■種別
頭を使う

■難易度
☆☆

■人数
1グループ4～7人
3グループ程度

■実施に好ましい場所
座れる場所

■必要な物品・設備
黒板やホワイトボードなど書くもの

楽しみ方

①3チーム程度に分かれ、絵で「しりとり」をします。

②初めはお題を提示します。（しりとりの「り」から始めましょう！など）

③制限時間を10分とし、各グループ1人ずつ前に出て絵を描きます。前の人が描き終わると、次の人が前に出てしりとりで絵を描いていきます。

＊描いた人は、描いた絵が何かを言わないようにしてください。

⑤はやく終わったグループが勝ちとなります。

④最後にどの絵が上手かも競いましょう。

ワンポイントアドバイス

★声かけの例
「○○さん、絵がお上手ですね！」
「個性的な絵ですね」

アレンジのヒント

●描くのが苦手な人は、職員の方に描きたいものを伝え描いてもらってもよいでしょう。

●ゲームを円滑に進めるために、どうしても前に描いた人の絵が分からない場合、2回まで分かった人が次に描いても良いこととします。

●音楽をかけたり、「○○分以内に何個描けるか」など時間制限をつくっても楽しめます。

漢字しりとり

もう一つしりとりを紹介します！
認知症予防にも効果的な漢字しりとり！
盛り上ります！

楽しみ方

①単語の最後の漢字を使ってしりとりを楽しみます。意外と高齢者に人気です。

（例）曜日→日本→本心→心理→理科→科学→学校……

②次に単語に漢字を当てはめるしりとりをしてみましょう！当て字しりとりです。

（例）宇沙儀（ウサギ）→吟校（銀行）→雨二（うに）→荷和取利（にわとり）……

当て字の方が難しいようです。時間がある時、対象者に合わせてアレンジしてみてください。

活用のヒント

●参加者によっては、絵を描くことにためらいがある場合が多々あります。そうした場合は、漢字しりとりから入ってみましょう。また、このゲームの特徴は聴覚障害がある人たちとも楽しめることです。是非多くの方と活用してください。

50枚のひらがなのカードを組み合わせろ

言葉をつくろう

ひらがなカードを使い、同じひらがなは使わずに言葉を作っていくゲームです。新しい言葉を作ったら、いらないカードははずしていきます。早く手札を使い切った人が勝ちです。

ゲームデータ

■主体者のレベルの応用範囲
子どもから高齢者まで
■種別
座ってできる／頭をつかう
■難易度
☆☆

■人数
4人～6人くらいが楽しい
■実施に好ましい場所
イスとテーブルがある場所

■必要な物品・設備
ひらがなのカード（はさみ・厚紙・ペン）

楽しみ方

①「あ～ん」までのひらがな50音が書かれたカードと濁点や半濁点のカードを1セット用意します。
②カードをよくきり、一枚抜きだしてテーブルに置きます。後は参加者に均等に配ります。
③一人ずつテーブルのカードの前後左右どちらにでも手持ちのカードを並べて言葉を作っていきます。
④順番に言葉を作っていきますが、すでに出されたカードで次の言葉で使わないものは場から取り除いていきます。
④どんどん言葉を作って、一番早く手札を全て使い切った人が勝ちとなります。

ワンポイントアドバイス

★濁点や半濁点などの記号カードを作っておくと作れる言葉が増えます。

★や、ゆ、よ、つ、等の文字は小さくして組み合わせられるようにすれば、作れる言葉が増えます。

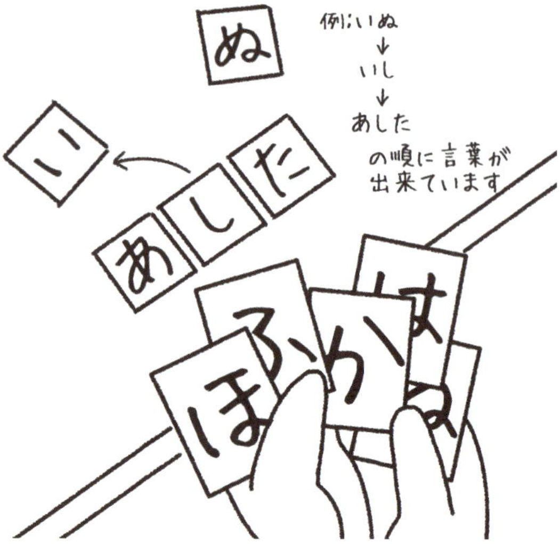

NG ワードに気をつけろ

漢字連想クイズ

出された「お題」から連想できる漢字１字を書き出し、その書かれた漢字から「お題」を連想して答えを当てるゲームです。

ゲームデータ

■主体者のレベルの応用範囲
子どもから高齢者まで

■種別
座ってできる

■難易度
☆

■人数
8 人〜 15 人ぐらい

■実施に好ましい場所
イスとテーブルがある場所

■必要な物品・設備
紙とマジックペン

楽しみ方

①まず連想しやすそうな「お題」と NG ワードを準備し、一つの「お題」に対して回答者一名を選びます。

②回答者以外は、「お題」から連想する漢字一文字を紙に書きます。

③ NG ワードの漢字は集まった紙の中から外して回答者に見せません。

④回答者は皆が書いた漢字から「お題」をあてます。

ワンポイントアドバイス

★高齢者の場合は、なかなか連想しにくいものです。人数を増やしたり、ヒントを出しながら楽しんでください。

★ NG ワードは、参加者のレベルに合わせ、難易度を調整しましょう。

お題（例）

＊ビール：飲、麦、冷、泡、禁、大、苦、杯、酔、瓶　NG ⇒酒
＊ハーリー：海、糸、漕、団、祭、速、絆、龍、水　NG ⇒舟
＊囲碁：木、目、石、白、黒、勝、段、指、読、二　NG ⇒囲
＊かき氷：削、冷、夏、赤、黄、水、山、豆、団、白　NG ⇒氷
＊バイク：自、帽、二、大、原、転、速、族、危、濡　NG ⇒輪

アレンジのヒント

● 20 人以上の場合はグループで対抗戦など行うと楽しさを広げることができるでしょう。

自分でビンゴカードを作ろう

動物ビンゴ

手作りビンゴカードに動物の名前を書き込んで、チーム対抗でビンゴゲームを楽しみます。書き込む動物を工夫してはやくビンゴを達成しましょう。

ゲームデータ

■主体者のレベルの応用範囲
子どもから高齢者まで

■種別
座ってできる

■難易度
☆

■人数
5～6人1チーム何人でも可能

■実施に好ましい場所
参加者が円になって座れる場所

■必要な物品・設備
チーム数分の画用紙(正方形)

楽しみ方

①チームに1枚ずつ、画用紙を配り、4×4の16マスになるようマス目を描きます。

②メンバーで話し合って16種類の動物の名前をマスに書きこみます。

③チームごとに書いた動物名を順番に一つずつ発表していきます。発表された動物が自分たちで書いたカードにあれば、○印をつけていきます。

④縦・横・斜めのいずれか3つが並んだら、「リーチ」とコールします。4つ並んだらビンゴとなり上がりです。先にビンゴしたチームが勝ちとなります。

ワンポイントアドバイス

★声かけ例
「○○さん！あと1つですね！」
「次に○○が来たらビンゴですね！」
「はい！○○チームのみなさん！コールしてください。」

★タテ・ヨコ・ナナメの判断がつきにくい場合はお手伝いしましょう。

アレンジのヒント

●動物以外に書き込む言葉を替えてみましょう。
＊たとえば、八百屋・魚屋・ラーメン屋の定番メニュー、花屋・地名・沖縄の苗字などのお題に。

●誕生日会やクリスマス会などのイベントでも楽しめます。

ひらめき力を高めよう

ひらがなバラバラ事件

一つの言葉をわざとバラバラにひらがなで書きます。その文字をみながら何の言葉を書いたのか考えるゲームです。認知症の予防や直観力、判断力の鍛錬にも。

ゲームデータ

■主体者のレベルの応用範囲
子どもから高齢者まで

■種別
頭を使う

■難易度
☆

■人数
1人から何人でも可能

■実施に好ましい場所
イスとテーブルがある場所

■必要な物品・設備
厚紙（紙）、マジック

楽しみ方

①カードに言葉をバラバラにして書き込みます。書き方や位置は自由ですが、言葉は、3文字から6文字程度の言葉までが楽しみやすい範囲です。

②小さい文字は大きな文字に変えて書きます。

③参加者にルールを説明して、言葉を当ててもらいます。

ワンポイントアドバイス

★小学生から幅広く楽しんでいただける古典的なゲームですが、高齢者になるとなかなか言葉が出てきません。どんどんヒントを出して盛り上げましょう。

言葉の例

3文字：たばこ、ちこく、くすり、はわい、おてら、すいか、みしん、ぼうし、さいふ、さかな、こっく

4文字：ぶらんこ、らーめん、じゅーす、かいしゃ、どーなつ、たいよう、やじうま、おはよう、でんしゃ

5文字：おらんだ、じてんしゃ、はつもうで、していせき、もぎてすと、がくちょう、ようかいご、れんたかー

6文字：かいてんすし、しんかんせん、ちょこれーと、きゅうしょく、しせつちょう、ぽっぷこーん、ばーべきゅー

カードを組み合わせて漢字をつくろう

へんつくりゲーム

漢字の「へん」と「つくり」が切り離されたカードをもとに、正しい漢字を作っていくゲームです。もちろんアレンジとして新しい漢字を作ることもできます。

ゲームデータ

■主体者のレベルの応用範囲
子どもから高齢者まで
■種別
頭を使う
■難易度
☆☆

■人数
2人〜4人ぐらい
■実施に好ましい場所
イスとテーブルのある場所

■必要な物品・設備
A4用紙または厚紙、マジック

楽しみ方

① A4用紙をタテ・ヨコ2回ずつ折りまげて切り16枚のカードを準備しましょう。
② 16枚のカードにタテ半分に折り目を入れ、左側に「へん」、右側に「つくり」を書きます。書き終わったら真ん中から半分に切り離していきます。
③へん16枚、つくり16枚のカードを参加者に1枚ずつくばります。
④配られたカードを組み合わせて漢字を作ってみましょう。
⑤漢字が余ることがあります。その場合は時間を決めて終了としましょう。

＜楽しさの工夫＞

＊あらかじめ支援者がカードを用意する場合と利用者と共にカードをつくり、ゲームを楽しむ二通りが可能です。後者の場合、利用者の人たちと「糸」へんや「木」へんの漢字を順番に黒板に書き出します。その後にカードを書くと、わかりやすくなります。

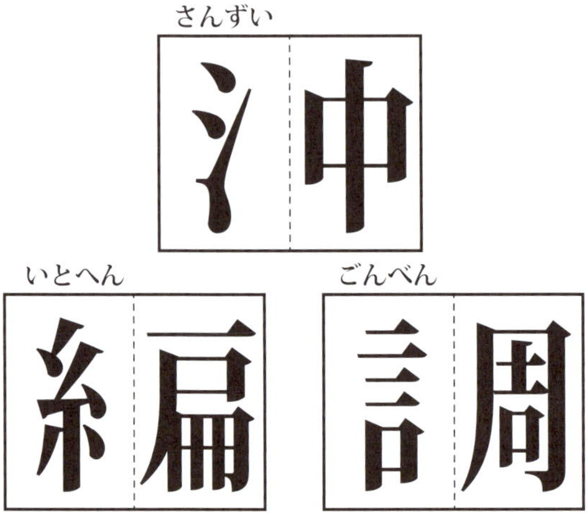

アレンジのヒント

●新しい組み合わせで新しい漢字を作って発表するのも楽しいでしょう。例えば、「包」を使って、「尻＋包」→パンツ、「水＋包」→スイトウ、「虫＋包」→ムシカゴ、など。

第5章

新聞・紙レク＆折り紙の楽しみ方を知ろう

新聞・紙レク＆折り紙は、身近にある新聞紙や用紙が遊び道具に変身します。

世界一飛ぶ飛行機の作り方、ストレス解消になるレク、新聞とは思えない創作フラワーなどいつでもどこでも簡単にすぐできる、お金もかからないレクリエーションを紹介します。

・新聞フラワー
・ゴミ箱作り
・トトロを作ろう
・世界一飛ぶ　紙飛行機
・新聞ビンゴ
・新聞ビリビリゲーム
・新聞ヨーヨー
・すぐできる切り絵！
・サンタクロース

紙の芸術に挑戦

新聞フラワー

新聞紙で花びらや葉っぱを作り、花を創作していくフラワーアートです。部屋や仏壇に飾ったり、花束やブローチにしてプレゼントしても。

ゲームデータ

■主体者のレベルの応用範囲
子どもから大人まで

■種別
作って遊ぶ

■難易度
☆☆☆

■人数
1人～

■実施に好ましい場所
テーブルとイスがある場所

■必要な物品・設備
新聞紙、ハサミ、モノサシ、手芸用テープ

フラワーアートの材料と作り方

①新聞紙から花びら用として大 10㎝、中 8㎝、小 6㎝の正方形×各 3 枚（計 9 枚）、葉っぱ用 12㎝× 5㎝を 2 枚、芯用 20㎝× 10㎝を 1 枚を切りとります。この時、新聞のカラーの部分を活用すると華やかな花ができます。

②次に正方形を半分に折り、花びらの形にカットします。葉っぱも長方形を半分に折り葉の形にカットします。（右図①参照）

③カットした花びらをゆるく棒に巻き、上から押さえ縮めてから開き、クシャクシャの質感を出します。ミノムシを作る要領で行います。（右図②③④参照）

④芯を作ります。短い方に切り込みを入れ、オシベ、メシベが開くように、ゆっくりと斜めに細く丸めていきます。（右図⑤参照）

⑤パーツが出来上がったら組み立てます。まず花びらを小・中・大の順番で 1 枚ずつ芯に巻き付け、9 枚を巻き付けたら根元をセロハンテープで止めます。花びらは外側に開き反るように付けます。（右図⑥参照）

⑥同じように、葉っぱを付ける時に手芸用の緑テープで巻くときれいにでき上がります。（右図⑦参照）

⑦最後に形を整え、茎の部分を調節したら出来上がり。茎の部分にテープで安全ピンを巻き付けるとブローチになります。

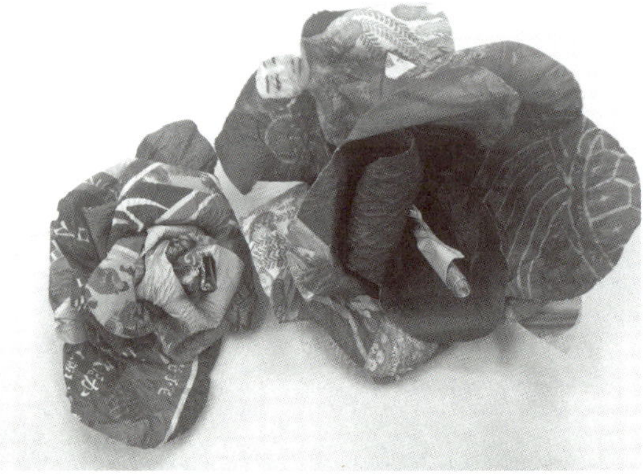

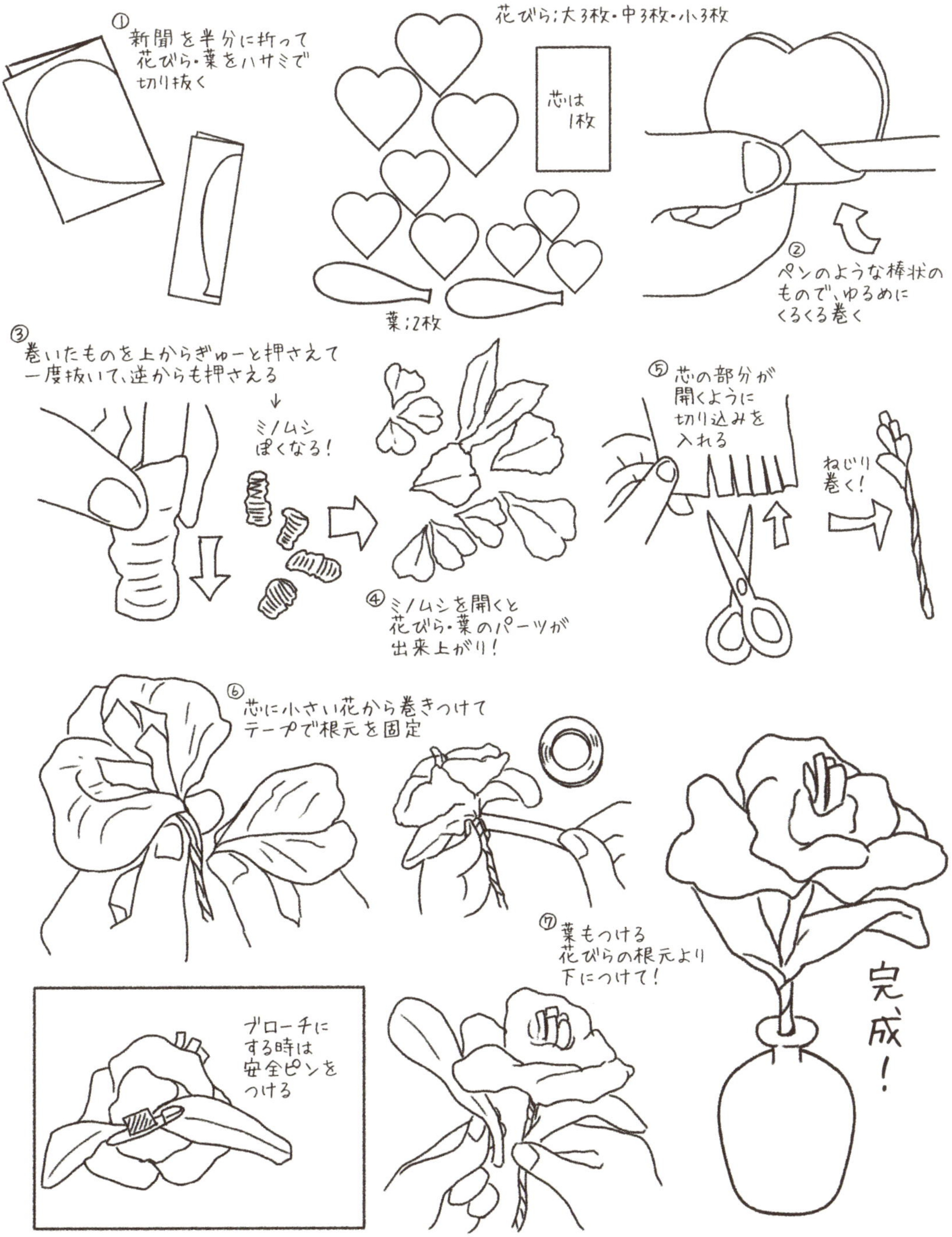
①新聞を半分に折って
花びら・葉をハサミで
切り抜く
花びら:大3枚・中3枚・小3枚
芯は
1枚
葉:2枚
②ペンのような棒状の
もので、ゆるめに
くるくる巻く
③巻いたものを上からぎゅーと押さえて
一度抜いて、逆からも押さえる
ミノムシ
ぽくなる!
④ミノムシを開くと
花びら・葉のパーツが
出来上がり!
⑤芯の部分が
開くように
切り込みを
入れる
ねじり
巻く!
⑥芯に小さい花から巻きつけて
テープで根元を固定
⑦葉もつける
花びらの根元より
下につけて!
ブローチに
する時は
安全ピンを
つける
完成!

※実際はカラフルな柄チラシや新聞紙などで作りますが、わかりやすいように柄なしで図解しています。

アレンジのヒント

●上達したら、紙のサイズ・枚数などを変更して変化を楽しみましょう。
●細長く切った花びらを6枚組み合わせるとユリの花ができます。

あちこちで大活躍の定番折り紙

ゴミ箱作り

広告チラシなどを利用してゴミ箱を作ります。作り方は簡単、小さい子どもから高齢者まで楽しめます。作って、使って、活用しましょう。

ゲームデータ

■主体者のレベルの応用範囲
子どもから高齢者まで

■種別
座ってできる

■難易度☆

■人数
1人～

■実施に望ましい場所
テーブルとイスがある場所

■必要な物品・設備
折り紙、新聞ちらしなど

ゴミ箱の作り方

①新聞やチラシなど長方形の紙で図のように作ります。（①は薄手の新聞紙などを使う時に二重にする工程です。）折り終わったら、三角の部分に折り目をつけて、袋を開きます。

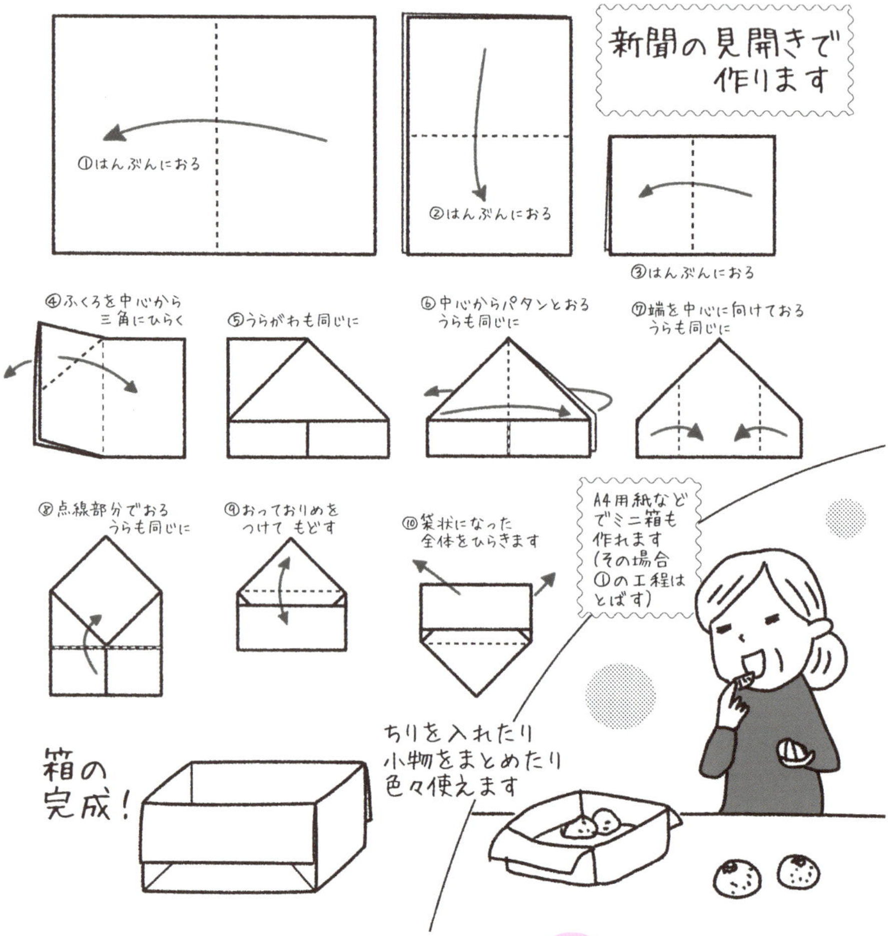
新聞の見開きで作ります
①はんぶんにおる
②はんぶんにおる
③はんぶんにおる
④ふくろを中心から三角にひらく
⑤うらがわも同じに
⑥中心からパタンとおる うらも同じに
⑦端を中心に向けておる うらも同じに
⑧点線部分でおる うらも同じに
⑨おっておりめをつけて もどす
⑩袋状になった全体をひらきます
A4用紙などでミニ箱も作れます（その場合①の工程はとばす）
箱の完成！
ちりを入れたり小物をまとめたり色々使えます

ワンポイントアドバイス

★声かけの例
「○○さん、折るのがていねいですね。

アレンジのヒント

●作ったゴミ箱を使ったゴミ投げゲーム。丸めた新聞やゴミを前向き、後ろ向きで3個ずつ投げてゴミ箱に入れます。

上手に作って自慢しよう

トトロを作ろう

あの「となりのトトロ」のキャラクターが折り紙で簡単に作れます。紙の色や目の入れ方などを工夫してかわいらしく作りましょう。

ゲームデータ

■主体者のレベルの応用範囲
子どもから大人まで

■種別
作って遊ぶ

■難易度☆

■人数
1人～

■実施に好ましい場所
テーブルとイスがある場所

■必要な物品・設備
折り紙、ホワイトマーカー、マジックペン

作り方

折り紙を三角形に折って図のように折ります。途中までコップの折り方と同じです。

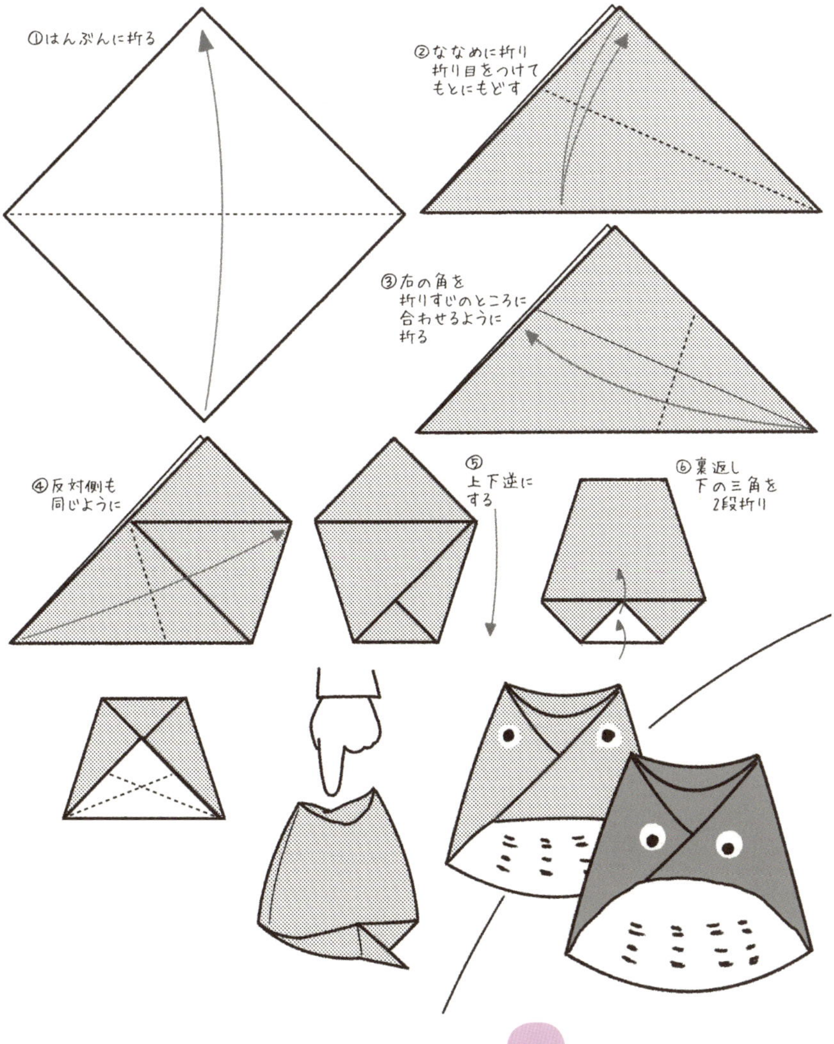
①はんぶんに折る
②ななめに折り
折り目をつけて
もとにもどす
③右の角を
折りすじのところに
合わせるように
折る
④反対側も
同じように
⑤
上下逆に
する
⑥裏返し
下の三角を
2段折り

ワンポイントアドバイス

★目はシールかホワイトマーカーで白目を、黒ペンで黒目を書きます。最後はお腹の部分を丸く整えてできあがり。

★和紙を使用し、大きさの違うものを作り、重ねて楽しむこともできます。

こんなに飛ぶのは初めて

世界一飛ぶ 紙飛行機

A4 サイズの紙で紙飛行機を作ります。簡単にできて本当によく飛びます。遠くまで飛ぶように調整してみましょう。

ゲームデータ

■主体者のレベルの応用範囲
子どもから大人まで

■種別
作って遊ぶ

■難易度☆☆

■人数
1 人～

■実施に望ましい場所
イスとテーブルがある場所

※飛ばす場合はある程度広い場所が必要

■必要な物品・設備
A4 サイズの紙

楽しみ方

①まず折り目をつけて図のように紙飛行機を折ります。

②飛行機を飛ばしてみましょう。

ワンポイントアドバイス

★つばさを折る時（図⑧）には、紙をずらさないようにし、左右対称に折ることに気をつけましょう。この時、4 ミリから 5 ミリ程度胴体が少し見えるぐらいに折ります。

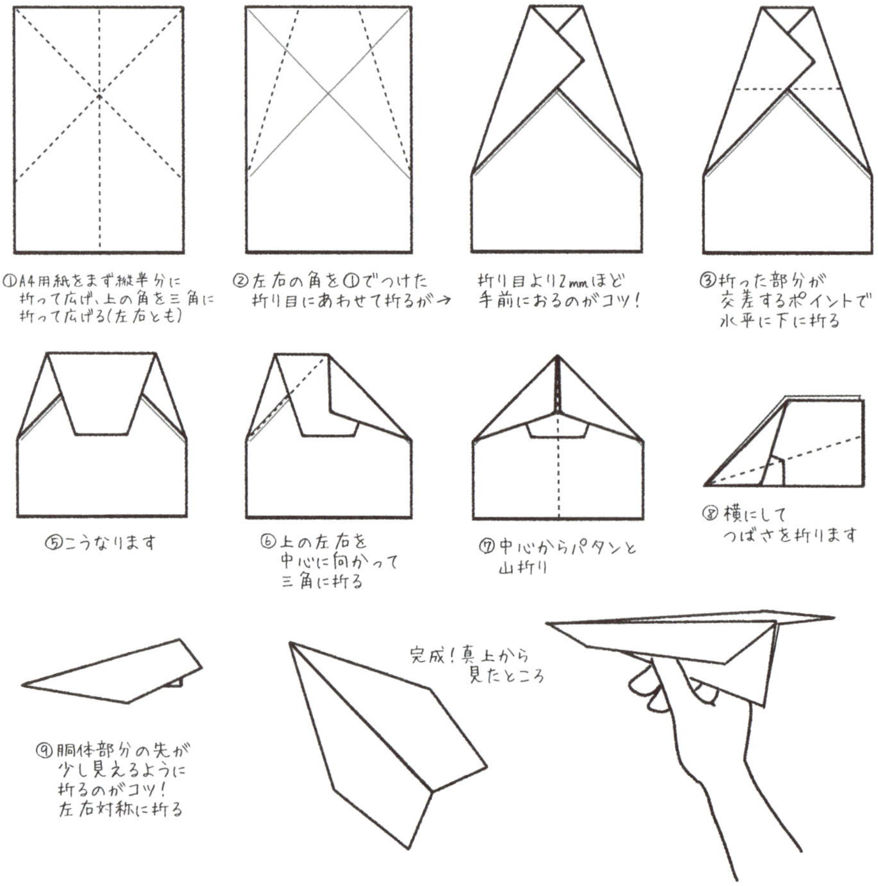
①A4用紙をまず縦半分に折って広げ、上の角を三角に折って広げる(左右とも)
②左右の角を①でつけた折り目にあわせて折るが→
折り目より2mmほど手前におるのがコツ!
③折った部分が交差するポイントで水平に下に折る
⑤こうなります
⑥上の左右を中心に向かって三角に折る
⑦中心からパタンと山折り
⑧横にしてつばさを折ります
⑨胴体部分の先が少し見えるように折るのがコツ!左右対称に折る
完成!真上から見たところ

話題もいっしょに楽んで

新聞ビンゴ

新聞紙を使って行うビンゴゲーム。紙面を１ページ選んで、その中にある文字や写真などでビンゴをしましょう。

ゲームデータ

■主体者のレベルの応用範囲
子どもから大人まで(高齢者)

■種別
座ってできる

■難易度☆

■人数
何人でも可能

■実施に好ましい場所
円になって座れるような場所

■必要な物品・設備
新聞紙または新聞を拡大コピーしたもの、ペン

楽しみ方

①新聞から自由にどの面を使用するか選びます。

②出題者がお題となる単語を出していきます。該当する単語が自分の新聞にあれば○をつけます。

＊文字・絵・写真・記号・アルファベットなどから自由に出題します。

＊例えば、漢字で「縦横」、記号で「☎」マーク、写真で「男性の顔」、ひらがなで「ぬ」、記号で「@」、アルファベットで「http」、カタカナで「クリニック」、数字で「2000」、絵など自由に選んでください。

③早く10個探した方がビンゴ(勝ち)です。9個の時にはリーチと大声でみんなに知らせましょう。

アレンジのヒント

●小学生にはひらがなやカタカナ、高齢者には漢字やひらがな、大学生にはアルファベットや記号などを用い、難易度を工夫しましょう。

＊高齢者の場合、老眼で見えない場合もあるので、10パターンぐらい新聞を拡大コピーしてビンゴなどを行うと楽しくできます。また、ひらがなでは「ぬ」など探しにくい文字があります。漢字の熟語を増やしたり、アルファベットでは「AB」と続けると難易度が高くなります。

活用のヒント

①新聞ビンゴ⇒②新聞ビリビリゲーム⇒③新聞ヨーヨーの順番で遊んでみよう！新聞紙のごみも出ないし３つの遊びが連続してできます。

新聞だけでこんなに遊べちゃう

新聞ビリビリゲーム

新聞をビリビリ破りながらストレス解消するゲーム。長さを競ったり、転倒防止のリハビリゲームなどそれぞれの効用を公表して楽しみましょう。

ゲームデータ

■主体者のレベルの応用範囲
子どもから高齢者まで

■種別
座ってできる

■難易度☆

■人数
1人以上

■実施に好ましい場所
座れる場所(ベッドサイドでも可能)

■必要な物品・設備
新聞紙

楽しみ方

○ストレス解消ビリビリゲーム

新聞紙を思いっきり半分に引き裂き、ビリビリに破ってみましょう。

○しゃくとり虫ゲーム

足の指を使い認知症予防とバランス感覚(深部感覚)の低下を防ぎましょう。足の指を使って新聞紙を少しずつたぐり寄せて小さくしていきます。小さくできたらまた広げて3回繰り返してください。

足だけで
どんどんたぐり寄せて
行こう!

○切って長くしようゲーム

新聞紙の半分を使い、できるだけ長くなるように、手で引き裂きましょう。完全に切り離す手前5cmで止め、反対側に折り返していき、切れないよう長くしています。新聞一枚で20m以上のヒモがきたら優秀です。

ワンポイントアドバイス

★開始の合図と終了の合図（時間）を決めて、時間内にどれだけ新聞を長く裂くことができるか挑戦してみてください。時間まではいくらでもやり直し可能です。

★新聞紙には破りやすい方向（タテ）と破りにくい方向(ヨコ)があります。

パンパンはじいて遊ぼう

新聞ヨーヨー

新聞紙・ビニール袋・輪ゴムでヨーヨーを作って楽しみます。お祭りで売っているヨーヨーのように水に浮かべてヨーヨー釣りもOK！

ゲームデータ

■主体者のレベルの応用範囲
子どもから大人まで

■種別
作って遊ぶ

■難易度☆

■人数
1人以上

■実施に好ましい場所
イスとテーブルがある場所

■必要な物品・設備
新聞紙、ビニール袋（20cm×27cm）、輪ゴム、テープ

作り方

①適当な大きさに新聞紙をちぎってグチャグチャに丸めてビニール袋に詰めます。
②丸めた新聞の形に合わせて空気を抜いて袋を結びます。
③輪ゴムを三つほどつないだものと袋をつなげます。
④ビニール袋の余った部分や結んだ部分、袋の角がとがった部分も角を指で押し込んで丸くなるようにセロハンテープでとめます。
⑤ヨーヨーで遊んでみましょう。慣れたら連続で何回できるか競争してみましょう。

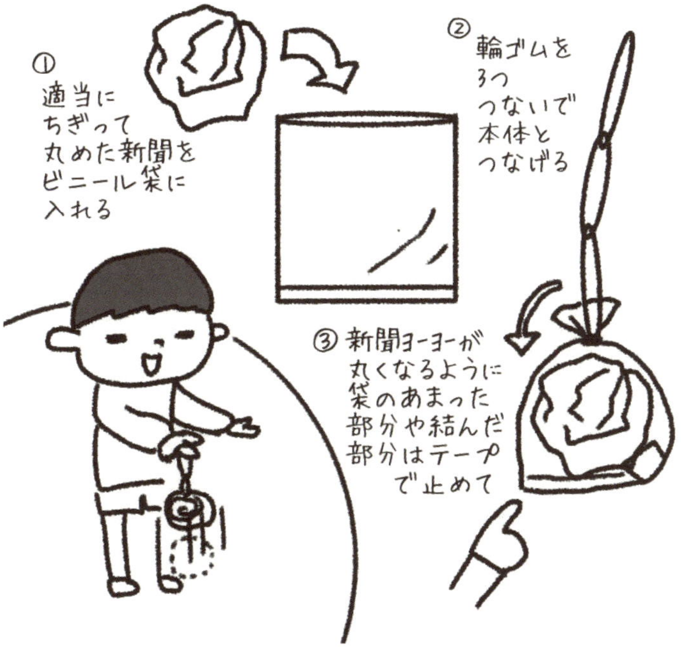

アレンジのヒント

●納涼祭などで水風船のヨーヨー釣りのかわりに、みんなで手作りヨーヨーを使ってヨーヨー釣りをしてみてください。
●大きめの袋でサッカーボールを作り、リフティングに挑戦してもいいでしょう。

型紙を使って簡単きり絵

すぐできる切り絵！

見本の型紙を拡大コピーして、型紙通りに切っていけば、誰でも簡単にきれいな切り絵が作れます。工夫してオリジナルも作ってみよう！

ゲームデータ

■主体者のレベルの応用範囲
子どもから高齢者まで（ハサミが使える人）

■種別
座ってできる

■難易度☆

■人数
１人から何人でも可

■実施に好ましい場所
イスとテーブルがある場所

■必要な物品・設備
紙（折り紙）・ハサミ・鉛筆・型紙・色画用紙・のり・カッター

楽しみ方①

①紙を縦半分に折って、型紙を紙の輪の部分に重ね、テープで固定します。

②型紙どおりに上からハサミで切りましょう。

③切り終わった色画用紙の上などで広げてみましょう。白い紙できり絵を作ったら濃い色の画用紙（黒や紫など）に張りつけるときれいに見えます。

＜きり絵用の型紙＞

クワガタ　ヒマワリ　ゾウ　クマ　カニ

楽しみ方② ちぎり絵

フリーハンドで紙をちぎり表現して遊びます。

① 4等分にした紙を手で切って、三角や丸、四角など簡単な形を作って練習します。

②慣れてきたら丸や輪郭、動物などを手で切っていきます。

＊イメージできない場合もあるので、写真等も用意しておきましょう。

ワンポイントアドバイス

★声かけの例
「今から、紙とハサミだけでトンボやチョウチョウを作ります」
「初めに私が切って見せますので、みなさんも真似して挑戦してくださいね」
「ハサミで手を切らないように！気をつけてください」

★説明だけでは理解しにくいので、始めにやって見せるようにしましょう。
また、ハサミを使うので、見守りながら補助してください。

★できた作品を写真立て（100円ショップで購入）などに入れると一段と見栄えがよくなります。

楽しみ方③ 切り絵、ちぎり絵しりとり

順番にちぎり絵や切り絵でしりとりをします。

＊ねこ→こま→まり→リンゴ

道具を使わず
フリーハンドで
ちぎります。
丸や四角など、簡単な
形のものから作って
魚や動物などにも
チャレンジしよう！

クリスマスに大活躍

サンタクロース

折り紙２枚ででサンタクロースをつくります。上手に作ってプレゼントやメッセージに活用しよう。

ゲームデータ

■主体者のレベルの応用範囲
子どもから大人まで

■種別
作って遊ぶ

■難易度
☆☆

■人数
１人～

■実施に好ましい場所
イスとテーブルがある場所

■必要な物品・設備
折り紙、のり

楽しみ方

①好きな色を２枚選んで、頭の部分、胴体の部分と下記のように折ります。

② ２枚をつないで完成です。クリスマス会などで、アゴの内側にメッセージ・座席・プレゼント番号を書いたりして活用しましょう。

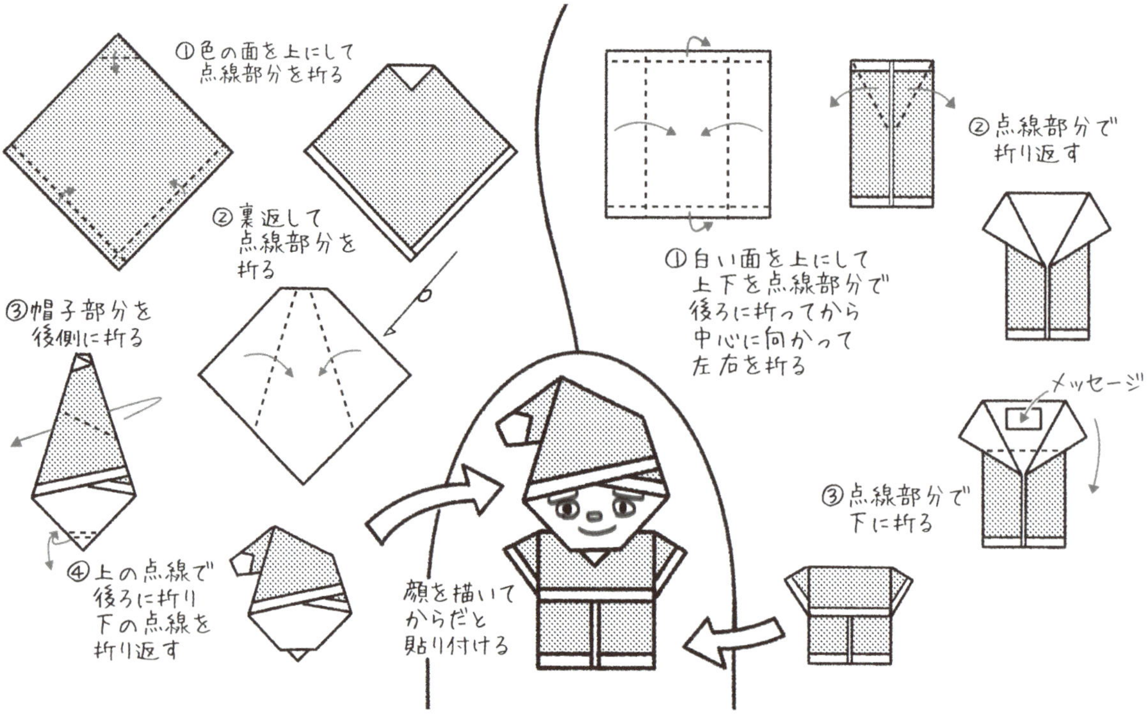

第6章

ジャンケン＆ゆび遊び ハンドゲームを知ろう

ジャンケン＆ゆび遊びは、ハンドゲームとして数えきれないほど存在し、世界で愛されています。

子どもの手遊び（脳発達）から、認知症の予防（脳トレ）まで、有効であるとの認識が高まっています。この章では、ハンドゲームを見直し、世代間交流と目的別レクリエーションに取り入れました。

・ジャンケン足し算
・ジャンケンクッキング
・いろいろジャンケン
・ゆびで数えよう 1～31
・あまったジャンケン
・ゆび体操
・輪ゴムリレー

ジャンケンに負けても勝負に勝てる

ジャンケン足し算

ジャンケンして二人の指の数を足して計算し、はやく答えた人が勝ちです。判断力が鍛えられ、脳の活性化にもつながります。

ゲームデータ

■主体者のレベルの応用範囲
子どもから大人まで
(特に高齢者向け)

■種別
頭を使う

■難易度☆

■人数
２人～

■実施に好ましい場所
参加者が向かい合える場所

■必要な物品・設備
特になし

楽しみ方①

①２人組になり向かい合って座り、ジャンケンします。
②お互いに出した指の数を足し算します。先に答えた方の勝ちです。
ジャンケンのグー(0)、チョキ(2)、パー(5)以外に指１本の(1)や４本の(4)も使えます。
＊パー（5）＋チョキ（2）＝7
③はやく答えた人の計算が合っていれば、「まいりました！」と答えます。
※普通のジャンケンのようにな勝ち負けはありません。何を出しても足し算に早く答えた方が勝ちです。

ワンポイントアドバイス

★かけ声を「ジャンケン計算ジャンケンポン！！」と言ってジャンケンすると盛り上がります。

★耳で聞いた数と目で見る指の数を足していきます、言葉と指の切り替えを楽しみましょう。

楽しみ方②　送りジャンケン足し算

①参加者で円を作ります。
②スタートを決め、そこから左回りに１番目と２番目の人でジャンケン足し算をします。
③その答えと３番目の人のジャンケン（数）を足していきます。この時２番目の人は最初のジャンケン足し算の答えを声に出し、三番目の人は指でジャンケンします。順々にジャンケンして数字を積算していきましょう。
＊グー＋チョキ(0＋2)→「にー」＋４本(2＋4)→「ろく」＋３本(6＋3)→「きゅう」

①
ジャンケン
ほい☆
1
4
②
5
えっと…5!
③ 早いもの勝ち!

アレンジのヒント

- 人数を増やすと、足す数が増え難易度がアップします。
- 引き算もしてみましょう。引き算をする場合は大きい数から小さい数を引きましょう。

＊パー（5）－チョキ（2）＝3

- かけ算までできれば認知症の心配なし。
- 小学生の低学年は足し算・引き算。高学年ではかけ算等も挑戦してみてください。高齢者の場合は、足し算が楽しいと思います。

ワンポイントアドバイス

★声かけの例

「○○さん計算が得意なんですね」と褒めてあげましょう。

「みなさん！今度は引き算に挑戦してみましょう！大きい数から小さい数をひいてください」

「最後は、かけ算に挑戦ですよ！挑戦してみますか？それともやめますか？」

活用のヒント

- まずは支援者と２人組になり、簡単な説明をしながら行いましょう。特にかけ算では、わかりやすい２の段や５の段などからはじめてみましょう。認知症予防のレクリエーションとしては最高です。

どんな料理ができるか腕の見せどころ

ジャンケンクッキング

一人5枚程度の食材や調味料などの名前が書かれたカードを持ち、ジャンケンで食材をそろえ、最高の1品（料理）を完成させるゲームです。

ゲームデータ

■主体者のレベルの応用範囲
子どもから高齢者まで

■種別
頭を使う

■難易度
☆☆

■人数
何人でも（学級全員でもOK）

■実施に好ましい場所
教室、少し動き回れるスペース

■必要な物品・設備
カード紙、マジック

楽しみ方

①「カレーライス」や「焼きそば」、「オムライス」に「肉じゃが」など、イメージしやすい料理から、他の料理にも転用しやすい食材・調味料の名前をカードに書きます。

②カードを1人5枚配ります。想定した料理の写真などを見てもらい、必要な材料を個人でイメージしてもらいます。

③ジャンケンをして、勝った人が負けた人のカードから1枚もらいます。必要なカードを集めて、早く料理を完成させたほうが勝ちです。
肉なしのカレーやキャベツのない焼きそばなどユニークな料理でもOK。参加者自身が臨機応変に食材から料理をイメージしてみましょう。

アレンジのヒント

●一品加えて家庭の味に！さらに参加者以外の人が経営する架空スーパーをオープンさせ楽しみましょう。スーパーでジャンケンに勝てばその場で必要な商品名、食材カードを作成してもらえます。ただし、スーパーを使えるのは1回限りとします。

ワンポイントアドバイス

★負け続けた場合のために、予備のカードを用意しておくか、カードがない場合もジャンケンOKとします。その場合、勝ったらカードをもらい、負けたら「ありがとう」と言って次の人を探して対戦します。

★声かけの例
「足りない食品はありませんか？」
「家では○○に何が入りますか」。家庭の味を思い出してもらいましょう。
「○○スーパーに買いに行きませんか」

カード作成例

《オムライス》

ケチャップ、ニンジン、玉ねぎ、ピーマン、グリーンピース、ごはん、卵、鶏肉

《カレーライス》

ジャガイモ、ニンジン、玉ねぎ、牛肉、ごはん、カレー粉、トマト、リンゴ

《焼きそば》

そば、豚肉、キャベツ、もやし、玉ねぎ、ソース、マヨネーズ、かつお節

《肉じゃが》

ジャガイモ、にんじん、玉ねぎ、しょうゆ、シイタケ、牛肉、味の素、塩、糸こんにゃく

新しいジャンケンを作ろう

いろいろジャンケン

顔、両手、上だけ（上半身）、カラダ（全身）、沖縄ジャンケンという五種類のジャンケンを楽しむゲームです。参加者に合わせて工夫しましょう。

ゲームデータ

■主体者のレベルの応用範囲
子どもから大人まで

■種別
体を使う

■難易度
☆

■人数
2 人～ 30 人程度

■実施に好ましい場所
参加者が向かい合える場所

■必要な物品・設備
特になし

ジャンケンの種類

顔ジャンケン

グー　：口を突き出します。
チョキ：舌を出します。
パー　：口を大きく開けます。

両手ジャンケン

グー　：両手を握り顔の前で合わせます。
チョキ：両手を開き花のようにします。
パー　：手を交差して相手に手の甲をみせます。

上だけジャンケン

グー　：両手を握り胸の前で交差します。
チョキ：両手を斜め上 45 度に開きます。
パー　：両手を水平に開きます。

カラダジャンケン

グー　：体を小さくかがめます。
チョキ：両手を斜め上 45 度に開き足を前後に開きます。
パー　：両手は水平に開き、両足も左右に開きます。

沖縄ジャンケン

グー　：親指でお父さんを表現
チョキ：人差し指でお母さんを表現
パー　：小指で子どもを表現

＊指を一本ずつ使用したジャンケンで、とっさに勝ち負けが判断しにくいので、脳トレに最適です。お父さんは子どもに弱く、母親は子どもに強いなど実に奥が深く面白い沖縄独特のジャンケンです。

☆顔ジャンケン
グー！
チョキ！
パー！

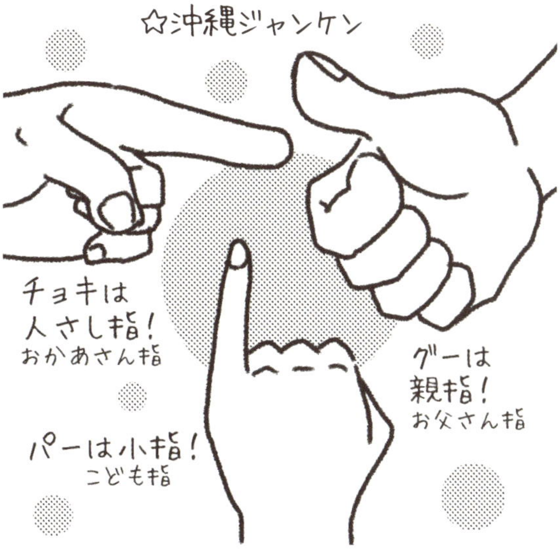
☆沖縄ジャンケン
チョキは
人さし指！
おかあさん指
グーは
親指！
お父さん指
パーは小指！
こども指

楽しみ方

①２人組になって向かい合ってジャンケンします。ジャンケン「ポン」で自分の好きなジャンケン（ポーズ）をします。

②どちらかが３回勝ったら勝った人は終了。負けた人は新しい人と３回先に勝つまでジャンケンを続けます。

③ジャンケン方法に変化をつけ楽しみます。（顔→上だけ→両手→カラダという風に！）

④最後の１人が残るまでやってみましょう！

＊最後まで残った人には自己紹介をお願いします。（好きな食べ物、マイブームなど）

ワンポイントアドバイス

★声かけの例

「さあ、５種類のジャンケンを使って勝負しましょう！」

「みなさん、口でパーを出す時は、入れ歯を落とさないようにね！」

「○○さん、上だけジャンケンも使ってくださいね！お願いします」

アレンジのヒント

●ひとつずつジャンケンをマスターしてから、2つ、3つと表現方法を変えていきましょう。

●ジャンケンのテンポをゆっくりからはやくなるように支援者がコントロールして楽しみましょう。

●いくつかのジャンケンを使って、王様ジャンケンやサッカージャンケンなど、いろんなゲームを行うと新鮮で盛り上がります。

活用のヒント

●ジャンケンゲームはいつでも・どこでも・誰とでも簡単にできる支援者の「助っ人的存在」です。出し方を変えるだけでいつも新鮮なゲームとして楽しめます。

指と頭の運動で最適

ゆびで数えよう1～31

指に書かれた数字（1,2,4,8,16）の5つの数字の組み合わせで1から31の数字が作れます。指を動かしながら頭を使って楽しみましょう。

ゲームデータ

■主体者のレベルの応用範囲
子どもから大人まで

■種別
頭を使う

■難易度
☆☆

■人数
1人～

■実施に好ましい場所
座れる場所

■必要な物品・設備
マジック

楽しみ方

①親指から順に「1」、「2」、「4」、「8」、「16」と数字を書きましょう。

＊指に書くことを嫌がる方は、絆創膏の上から書いても良いです。

②指を出して書かれた数字を足しながら、数えていきます。親指の1から順に31まで足し算を使いながら数えていきます。

1（親指）→2（人さし指）→（親＋人）→4（中指）→5（親＋中）→6（人＋中）→7（親＋人＋中）→8（薬指）→9（親＋薬）→10（人＋薬）→11（親＋人＋薬）→12（中＋薬）

アレンジのヒント

- ●はじめは難しいのでゆっくり一緒にやりましょう。
- ●少し慣れてきたら、できたら手を挙げてもらうなどしてスピードを競います。
- ●ゲームなどやってみましょう。「30を作ってみてください」
- ●両手を使って62までの足し算に挑戦してください。

あと一つはなに？

あまったジャンケン

グー、チョキ、パーの三つの「手」の中で、二人が出した「手」ではなく、残りの「手」をすばやく答えるゲーム。とっさの判断が必要です。

ゲームデータ

■主体者のレベルの応用範囲
子どもから高齢者まで

■種別
頭を使う

■難易度
☆☆

■人数
２人～３人組

■実施に好ましい場所
参加者が向かい合える場所

■必要な物品・設備
なし

楽しみ方

①「あまったジャンケンジャンケンほい」と言い、グー、チョキ、パーのいずれかを出します。

②その場に出されていない「手」をすばやく答えます。

③あいこになった場合は残りの２つのうちジャンケンで強いほうを答えます。

＊例：グーとグーの場合は残りはパーとチョキですがチョキと答えたほうが勝ち！

④どちらかが、３回勝てば終了です。

アレンジのヒント

●勝負に負けたら相手に「すごいですね！参りました」と大声で言えるように支援しましょう。

●判断能力が低下している参加者がいる場合は、職員と行うようにしましょう。

●いろいろジャンケン（P.72）を参考に、ジャンケンの出し方を工夫するとより難しくなります。

ワンポイントアドバイス

★最初は難しいので、ゆっくりと行い、慣れてきたら、だんだん早くしていきましょう。

★声かけの例

「○○さん３回勝ったら座ってください！」

「今度は３人に挑戦してみましょう！」

「今のは同時でしたね！おあいこですね！」

「負けた人は、違う人と再度勝負です！」

うまく動かせるかな

ゆび体操

ゆびを色々と動かしながら楽しむ５つのゆび体操を紹介します。参加者にあわせて楽しんでください。ゆびを動かすことは認知症予防にもなります。

ゲームデータ

■主体者のレベルの応用範囲
子どもから大人まで（特に高齢者向け）

■種別
座ってできる

■難易度☆

■人数
１人～何人でも可能

■実施に好ましい場所
座れる場所（ベッドサイドでも可能）

■必要な物品・設備
なし

楽しみ方

5 つのゆび体操を紹介します。それぞれしっかり説明を聞いて、練習してから始めましょう。

①指回し

左右の指をそれぞれ合わせ、親指から小指まで順番に 10 回ずつ回します。

②動物ジェスチャー

手と指だけで動物を表現します。見てもらって当ててもらいます。（カタツムリ、チョウチョの羽、ウサギの耳、牛の角、鹿の角など）

アレンジのヒント

●動物ジェスチャーをする時には、グーチョキパーの歌を歌いながらやってみましょう。

「グーチョキパーで♪グーチョキパーで♪何つくろ♪何つくろ！♪右手はグーで♪左手はチョキで♪かたつむり……かたつむり！♪」

ワンポイントアドバイス

★声かけの例

①「○○さん！ゆっくり！ゆっくりです。無理しないように回してください！」

②「これで何にみえますか？えっ！○○ですか？ショック…」

③人差し指ドッキング

目をつぶって
ひとさし指の先を
合わせる

目をつぶり両手の人差し指をゆっくりと胸の前で合わせていきます。ぴったりと合わせることができたら、他の指に替えて行いましょう。

④○と△

右手で○
左手で△
を同時に

左人差し指で○、右人差し指で△を同時に 3 回、胸の前で描いてみましょう。

⑤数え指

右手と左手で同時に指を折りながら 10 を数えます。次に、数を数える前から、左手の親指を折った状態でスタートします。「1」で左手は人差し指、右手は親指を折って数えていきましょう。左手が先に終わり、右手が残るはずです。同時に終わらないように！

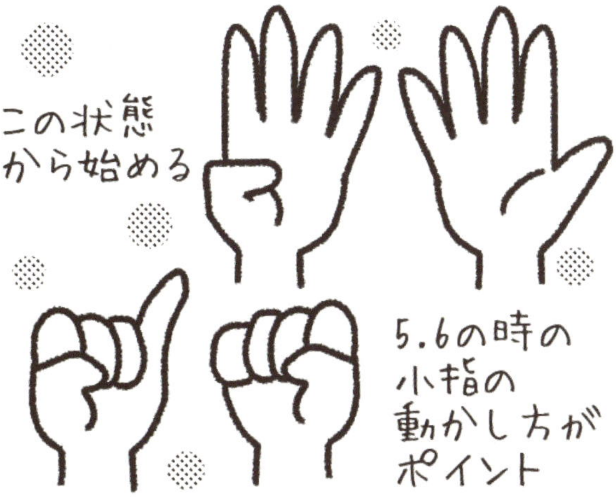
この状態
から始める
5.6の時の
小指の
動かし方が
ポイント

ワンポイントアドバイス

★声かけの例

③「はい！ただいまより月面着陸を行います。皆さんよ～く見ててください」
「着陸失敗です」

「さあ！今度は皆さんの番です。頑張って着陸させてください」

④「あれれ！○○さん！右手も左手もマルを描いていますよ！」

⑤「同時に終わっていますよ！今度は指を見ながらやってみましょう！」

★「えっ！あんなに上手に回るの！」と驚かせることが重要です。

活用のヒント

●高齢者になるとスムーズに指が動きにくくなります。参加者には不安を持たせないように、できるものを選んで行いましょう。
●また、やってみたいと思ってもらえるように、何度か説明をしながらできるように練習をしておきましょう。

指の運動で認知症予防

輪ゴムリレー

輪ゴムを親指から小指まで指先をうまく使いながら移動させていきます。個人でも集団でも楽しみながら、リハビリ的な効果が期待できます。

ゲームデータ

■主体者のレベルの応用範囲
子どもから大人まで（高齢者向け）

■種別
座ってできる

■難易度☆

■人数
１人〜何人でも可能

■実施に好ましい場所
座れる場所（ベッドサイドでも可能）

■必要な物品・設備
輪ゴム１人１個（人数分）

楽しみ方①

①右手の親指からスタートです。右図のように輪ゴムを移動させます。

②右手の小指まで到達したら、左手の小指に移して、親指まで移動させます。

③左手親指まで移動したら、もう一度逆向きに輪ゴムを一往復させます。

④慣れて来たらスピードを競いましょう。

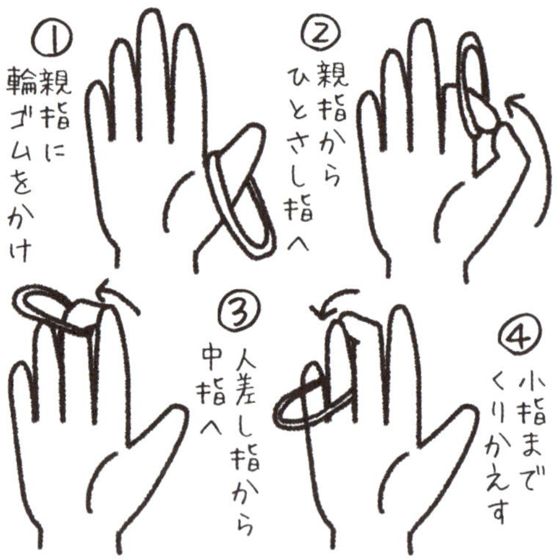
①
親指に輪ゴムをかけ
②
親指からひとさし指へ
③
人差し指から中指へ
④
小指までくりかえす

楽しみ方②

２人１組でリレーをします。

①自分の親指と相手の親指をくっつけて、輪ゴムをゆさぶりながら、相手の親指に移します。この時、指を絡めたり交差させてはいけません。

②次に相手の親指と自分の人差し指を合わせて輪ゴムを戻します。同じように、人差し指と人差し指を合わせて移動します。

③この要領で、指を１本ずつ替えながら、左右交互にゴムを移して小指まで出来たら終わり。

アレンジのヒント

●輪ゴムだけでなく、コインを人差し指と中指の間にはさみ、手の甲で転がしながら中指と薬指の間、薬指と小指の間と運んでいくコインコントロールを楽しみましょう。

第7章

ハラハラドキドキレク
真の楽しさを知ろう

ハラハラドキドキレクとは、本来遊びが持つ最も重要な要素に注目したものです。時にはグループで協力して目標を達成したり、個人でチャレンジしたり楽しみましょう。変化にとんだ体験ができるレクリエーションです。

- ハンマープライス
- リズム算
- うちわで似顔絵ゲーム
- コップ＆カンタワー
- エアーあそび
- 人形ストーリー
- 作っては（わ）投げ
- 七五三ゲーム
- 陣取りゲーム
- 石ころアート

価値観を確かめよう

ハンマープライス

予算は１億円。「自分がほしいもの」「大切なもの」を競り落とすゲームです。自他の価値観、なぜそれが必要なのかなど、意味・本質を考えながら楽しんでください。

ゲームデータ

■主体者のレベルの応用範囲
中学生から高齢者まで

■種別
座ってできる／頭を使う

■難易度
☆☆

■人数
1グループ8人程度

■実施に好ましい場所
イスとテーブルがある場所

■必要な物品・設備
紙と鉛筆

楽しみ方

①右のような表を作り、各人で予算１億円の範囲で競りの目安金額を決め、表に書き入れます。

②司会者を一人決めます（司会者も競りに参加可）。司会者は、落札希望者を募り、競りをリードします。

③付けた値段に関係なく、できるだけ安い値段で競り落とすようにしましょう。また、急激に額を上げないように少しずつ上げていきましょう。

④競り値が高くなり、これ以上払えないと判断した時は「降ります」といって権利を放棄します。

⑤最終的に一番高い値段をつけた人が落札とします。

アレンジのヒント

●商品は参加するメンバーの年代や時期によって変化を付けましょう。
例えば、高齢者では、健康や家族の交流、趣味の役割項目を増やします。項目は10個程度に絞って判断しやすくします。

●予算を決めないで1円から100万円の範囲で5個までと決めても楽しめます！

〈項目例〉

	目安の値段	落札価格
1. 自分だけの空間 ・・・・・・・・	（　　）	（　　）
2. 少数の親しい友人を作る能力 ・	（　　）	（　　）
3. 揺るがない自信 ・・・・・・・・	（　　）	（　　）
4. 仕事での成功 ・・・・・・・・・	（　　）	（　　）
5. 安心できる未来 ・・・・・・・・	（　　）	（　　）
6. 好きなところへの旅行 ・・・・	（　　）	（　　）
7. 強い忍耐力 ・・・・・・・・・・	（　　）	（　　）
8. 幸福な家庭生活 ・・・・・・・・	（　　）	（　　）
9. 自由な時間 ・・・・・・・・・・	（　　）	（　　）
10. 他者を許す寛容性 ・・・・・・・・	（　　）	（　　）
11. 人を愛する力 ・・・・・・・・・・	（　　）	（　　）
12. 整った容姿 ・・・・・・・・・・・	（　　）	（　　）
13. 良好な友達づきあい ・・・・・・・	（　　）	（　　）
14. 大金 ・・・・・・・・・・・・・・	（　　）	（　　）
15. 将来を見通せる能力 ・・・・・・・	（　　）	（　　）
16. 健康 ・・・・・・・・・・・・・・	（　　）	（　　）
17. 自分をうまく表現する能力 ・・・	（　　）	（　　）
18. 他者からの信頼 ・・・・・・・・・	（　　）	（　　）
19. 好きな人から愛されること ・・・	（　　）	（　　）
20. 多くの人と仲良くできる能力 ・・	（　　）	（　　）

活用のヒント

このレクリエーションゲームは「振り返り」でわかることがたくさんあります。多くの気づきができるようにサポートしてください。

1. あなたが目安の段階で最も高い値段をつけたものは何ですか？
2. 実際の競りの中で目安の値段を越えてまで手に入れたくなったものは何ですか？
3. あなたが多くの人と競合すると思いながら、そうならなかったものは何ですか？
4. あなたがさほど必要と思わなかったのに他のメンバーが強く欲しがったものは何ですか？
5. もし 21 番目があり自由に項目をかけるとしたら何を挙げ、いくらの値段をつけますか？

リズムにのって計算しよう

リズム算

二つのチームに分かれてリーダーが出題します。簡単な足し算、引き算、かけ算、プラス１算、プラス２算をみんなで解きながら楽しむゲームです。

ゲームデータ

■主体者のレベルの応用範囲
小学生から高齢者まで

■種別
頭を使う

■難易度
☆

■人数
２人～何人でも

■実施に好ましい場所
座れる場所

■必要な物品・設備
拍手、音楽

楽しみ方①　足し算引き算

①ゆっくりと手をたたきながらリズムに合わせて出題します。「4＋２は？」

②リズムに合わせて、参加者が「6」と解答したら、次の問題に移ります。

楽しみ方②　プラス１

出題された数字にプラス１していきます。

①例えば、「1と3」と支援者が問題を出題すると、リズムに合わせ１プラスして「2と4」と答えます。

②慣れてきたら、「2と4と9」などと組み合わせを３つに増やして楽しみましょう！

＊中学生などは数字の間の「と」を抜いて直接「1.5.3」とレベルアップ！

ワンポイントアドバイス

★ゆっくのペースでも忘れないように拍子を取りましょう！

アレンジのヒント

●2チームに分かれ支援者が出題する計算問題を交互に答えると競技性もアップします。

●ピッチを徐々に上げていきましょう。

●最初は足し算から始めて、少し慣れてきたら、引き算、かけ算にチャレンジしましょう。

不思議によく似てくる

うちわで似顔絵ゲーム

うちわの表面に張り付けた紙に自分の似顔絵を描いて楽しみます。うちわをおでこに当てた状態で描くので、目、鼻、口の位置などが的確に分かり、気楽に取り組め、よく似た似顔絵になります。

ゲームデータ

■主体者のレベルの応用範囲
子どもから高齢者まで

■種別
座ってできる

■難易度
☆

■人数
1人～30人
グループの場合は
4～8人程度

■実施に好ましい場
座れる場所（ベッドサイドでも可能）

■必要な物品・設備
うちわ、マジックペンのりまたはテープ

楽しみ方

①コピー用紙をうちわに張り付けます。

②グループで行う場合は円になるように座ります。

③うちわを自分のおでこに当てて目、鼻、口など描いていきましょう。書き終わるまでは、おでこから離さずに描きあげてください。顔の輪郭も忘れずに。

④全員が描き終わったら似顔絵を並べて、ソックリさん、ピカソさん、ホラーさんの3部門をグループで決め、表彰しましょう。

⑤似顔絵をうちわの形状に合わせて折り曲げたり、切り取って完成です。

＊市販の白紙のうちわなどを用いると、より本格的になります。

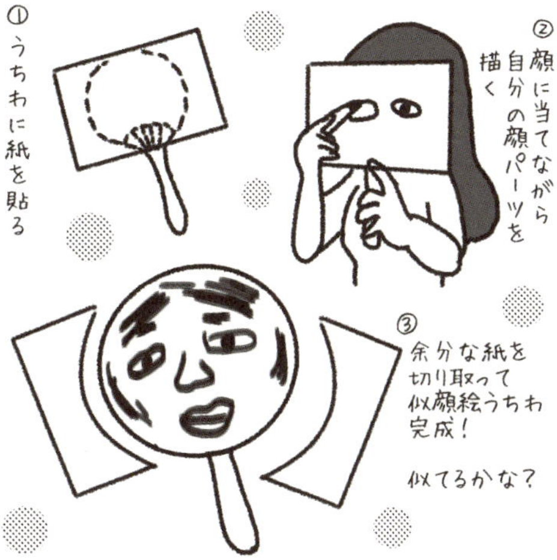
①
うちわに紙を貼る
②
顔に当てながら
自分の顔パーツを
描く
③
余分な紙を
切り取って
似顔絵うちわ
完成！
似てるかな？

ワンポイントアドバイス

★声かけ例

「今日だけは皆さんの顔、特にシワまでじっくりとみてください！」

「○○さん！首とまゆ毛がないですよ！」

活用のヒント

●一人たったの1分程度×人数で完結するゲームで、参加者どうしで冷やかしたり笑ったりすることで本当に楽しいレクリエーションゲームです。また、ベッドサイドなど支援者と二人だけでも楽しめます。

●できたうちわは、飾ったり、うちわとして活用することで、満足感も味わえます。そして、他者からの称賛を受けることでレクリエーションへの意欲も変わってきます。

＊比較的関係が浅い状態、レク初期段階の時に活用することをお勧めします。

上手に高く積み上げろ

コップ＆カンタワー

紙コップや空き缶を使用し、いろいろな重ね方を工夫して楽しむものです。また、個人やチームで高さを競い合い楽しむこともできます。

ゲームデータ

■主体者のレベルの応用範囲
子どもから高齢者まで

■種別
動き回る

■難易度
☆☆

■人数
1人～何人でも可能

■実施に好ましい場所
コップを並べられる場所

■必要な物品・設備
紙コップとや空き缶(250ml・350ml・500mなどのスチール缶)

楽しみ方

①プラスチックや紙コップなど材料を準備します。
②紙コップを使う人、缶を使う人などに分け、いろいろな重ね方を試してみます。
③慣れてきたら、より高く積み重ねるよう競います。
④さらに慣れてきたら、制限時間を決めたり、複数で競争やリレーなどをして、速さと高さを競いましょう。

ワンポイントアドバイス

★重ね方を工夫することで、より高く積み重ねることができます。

★色々な積み方を試してから、実践してください。

★目安は、缶の場合、350mlで10個以上、約2m以上を目指してください。(スチール缶がやりやすい)

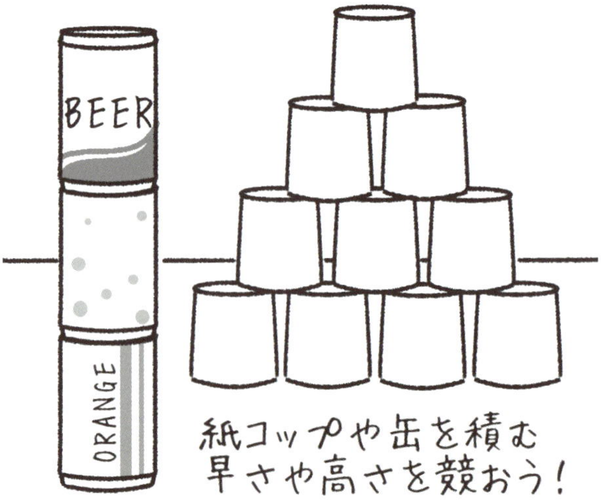
BEER
ORANGE
紙コップや缶を積む
早さや高さを競おう！

アレンジのヒント

●空き缶を段ボールやティシュの箱に替えると形の変化が楽しめます。
●最後は積み重ねられた紙コップや缶、段ボールをくずす方法を考えてみましょう。重ねるより快感が得られること間違いなし！

見えないギターが見えてくる

エアーあそび

このゲームは、エアーギターに代表されるようにギターや三線がないのにあるように見せるゲームです。恥ずかしがらずになりきって楽しんでみましょう。

ゲームデータ

■主体者のレベルの応用範囲
子どもから高齢者まで

■種別
動き回る

■難易度
☆

■人数
1グループ5～8人程度

■実施に好ましい場所
ある程度の広さがあればどこでも可

■必要な物品・設備
記入用紙1枚×人数分、ペン

楽しみ方①

①2人～4人程度のグループを作り、グループごとで輪になって座りましょう。
②それぞれのパフォーマンスを時間を決めてやってみましょう。（他の人は審判をします。）
③グループ全体でパフォーマンスをする場合は、他のグループの人が審判役になります。

楽しみ方② エアー大縄跳び

①縄を回す係り2名と跳ぶメンバーに分けスタートします。
②身ぶりで架空の縄を回します。縄が回るたびに一人ずつ中に入り、跳んだ回数を競っていきます。
③審判が引っかかったと判断した時点でゲームは終了です。
＊全員で正確に表現することで縄が本当に存在するように見えてきます。

ワンポイントアドバイス

★声かけの例
「だんだん早くなりますよ！頑張れ！」
「少し準備体操をしてから始めましょうね」
「あと50回…あと30秒…何回飛べるかな！」

アレンジのヒント

●落語のように扇子をお酒にも箸にも傘にも見立てて、参加者とともに楽しみましょう。
●他にもボールを使わない卓球やサッカー、「アナと雪の女王」のように口パクによるミュージカル風物まねなど楽しみ方は盛りだくさんです。

意外性が楽しい「船長のＴシャツ」

人形ストーリー

タイタニックの物語を進行させながら紙をちぎっていきます。期待と不安を体験しながら紙をひらくと最後に１枚のＴシャツになるのでびっくり。さらに、人形に変身させます。

ゲームデータ

■主体者のレベルの応用範囲
子どもから高齢者まで

■種別
座ってできる

■難易度
☆

■人数
１人～何人でも可能

■実施に好ましい場所
イスやテーブルがある場所

■必要な物品・設備
A4 のコピー用紙または、赤系の広告１枚、青系の広告１枚

楽しみ方

まず船を作りましょう！

①広告や色紙を折って、三角形の船をつくります。
船ができたらタイタニック物語！はじまり！はじまり！

②タイタニックのストーリーを楽しく語りながら、物語にあわせて紙をちぎって船を沈まないように進む方向を変えたりして楽しみましょう。

③船は氷山にぶつかりながら進み、最後は沈没したところで、紙をひらくとＴシャツができ上がりです。

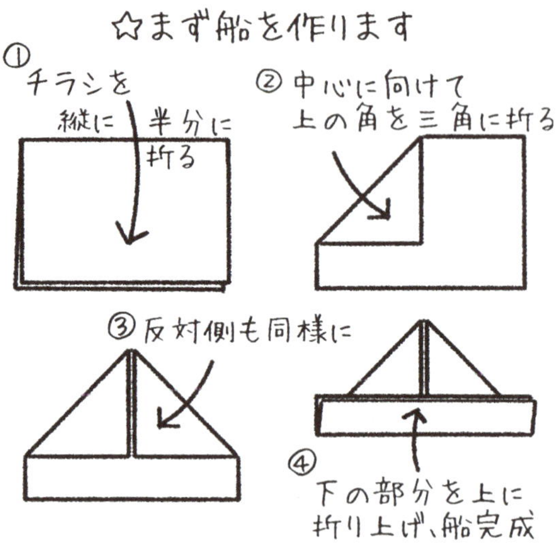
☆まず船を作ります
①チラシを縦に半分に折る
②中心に向けて上の角を三角に折る
③反対側も同様に
④下の部分を上に折り上げ、船完成

アレンジのヒント

●手のリハビリとしてベッドサイドでも可能です。
●ぶつかる物は岩やサメでもいいし、参加者の頭にぶつかって沈むのも楽しいと思います。また、人形をベッドサイドや玄関に飾り自慢しましょう。

「みなさん！タイタニック号のお話は知っていますか？」とあらかじめ連想してもらいましょう。「この紙の船、大きい豪華客船に見えてきましたか？」

＜タイタニックストーリー＞

船　長「出発するぞ！船に乗れ！」

参加者「了解！」

船　員「船長、前に大きなクジラです。」

船　長「クジラなんて怖くない。進め！」

突然！ドカン！

船　員「船長、船首が折れました

船　員「これでは前に進めません！」

船　長「大丈夫、後ろに向かって進め！」

船　員「了解！」

「船長、今度は大きな氷山があります。」

船　長「怖くない、進め！」

ドカン！

船　員「大変です！船長、後ろにも前にも進めません！」

船　長「みんなならどうする…？」「それなら、帆を前にして前進！」

船　員「船長、今度はさらに大きな氷山です。」

ドカン！ドドド！ギャー

船　員「帆が折れるぞ！みんな逃げろ！」

ブクブクと船は沈んでいきました。

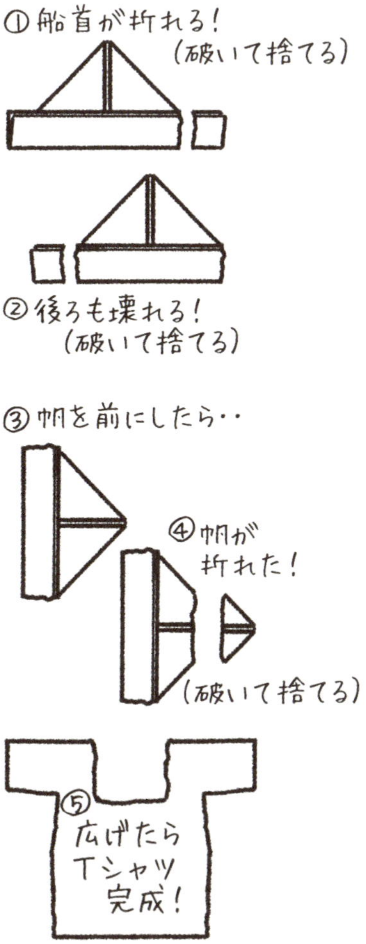

①船首が折れる！
（破いて捨てる）
②後ろも壊れる！
（破いて捨てる）
③帆を前にしたら‥
④帆が折れた！
（破いて捨てる）
⑤広げたらTシャツ完成！

紙をひらいて！
あれから２日後、浜辺に打ち上げられたものは、船長の１枚のＴシャツでした。

Ｔシャツから人形へ変身

＊チラシをもう一枚使い円錐を作りましょう。紙を斜めに丸めていき、上が細く、下が太い円錐を作ります。円錐の細い方を後ろに折り、太い方のはみ出た部分は、内側に折り込みます。そして、先ほどのＴシャツを着せてセロテープで止めたら出来上がり。

作る楽しみと投げる楽しみ

作っては(わ)投げ

輪を自分で作って輪投げを楽しみます。的を景品にするとさらに盛り上がります。向かい合って投げても楽しいです。

ゲームデータ

■主体者のレベルの応用範囲
子どもから高齢者まで

■種別
作って遊ぶ

■難易度
☆

■人数
1グループ5人～10人

■実施に好ましい場所
室内・屋外どちらでもOK

■必要な物品・設備
荷造りヒモ・ハサミ・新聞、セロハンテープ・ペットボトル・景品

楽しみ方① 輪の作り方

輪を作ります。

●作り方1(ヒモ編)

① 1m80㎝の荷造りヒモを半分に折り、30回ほどねじっていきます。

②ねじったらさらに二つに折り、また30回ほどねじっていきます。

③ねじり終わったら、端と端をしっかりと結び、結び先が残らないようにします。残った場合はハサミで切ります。

④輪のヨリ(ヒモのねじれ)が均等になるように輪を回して整えます。

●作り方2(ロープ編)

ロープ(よりあわせられているもの)45㎝の両端を合わせ、セロハンテープで固定します。重さのバランスを取るために、反対側にもセロハンテープを巻きます。

ワンポイントアドバイス

★輪投げの材料などは対象者に合わせて準備しておきましょう。

★イスや車イスに座った状態で行うことができます。

★声かけの例

「○○さん、上手にねじることが出来ましたね」

「さぁ、自分で作った輪をペットボトルに入るように投げてみましょう」

「今度は、○○さんと○○さんで輪を交互に受け取り合ってみましょう」

作り方
①荷造りヒモ1本1m80cmを
2つに折り30回ほどねじる。
②その後また2つに折り
また30回ほどねじる
③端と端を
末端が見えない
ように結ぶ
④ねじれが
均等になる
ように輪を
2回ほど回す

楽しみ方② 遊び方

輪を投げて遊びます。

ジュースの缶や好きなもの(UFO キャッチャーの景品やインスタントラーメン、日用品など)を的として 1.5 メートル～ 4 メートル離れたところから輪投げをします。輪が的に入ったら景品をゲットできます。

2 人 1 組で遊ぶ。

2 人 1 組になって向かい合い、一方が投げ手、もう一方が受け手に分かれて投げ合います。

アレンジのヒント

- 荷造りヒモだけでなく、新聞紙などで輪っかを作って同じように楽しんでみましょう。新聞で作った輪っかを相手の手や足、頭に投げるレクリエーションは、とても雰囲気が和やかになります。また、担当の職員がやると大変盛り上がります。
- 景品を準備しておくとお祭り気分を味わえます。

最後に残った棒を取らないように

七五三ゲーム

2人1組で三色の棒を交互に取り合う頭脳ゲームです。相手とのかけ引きを楽しみましょう。はじめは難しく見えるかもしれませんがやってみると意外に簡単です。

ゲームデータ

■主体者のレベルの応用範囲
子どもから高齢者まで

■種別
頭を使う

■難易度
☆☆

■人数
2人～何人でも

■実施に好ましい場所
イスとテーブルのある場所

■必要な物品・設備
紙で作った棒、赤3本、青5本、緑7本、または鉛筆、紙、消しゴム

楽しみ方①

①色の違う3本、5本、7本の棒をそれぞれ並べます。

②先攻・後攻を決め、1人ずつ棒を取ります。一度に取れるのは、同じ色の棒を1本～3本まで。最後に残った棒を取った人が負けとなります。

③残りが半分ぐらいになると、最後の棒を取らないよう計算しながら、慎重に取っていきましょう。相手の取り方にも注意しましょう。

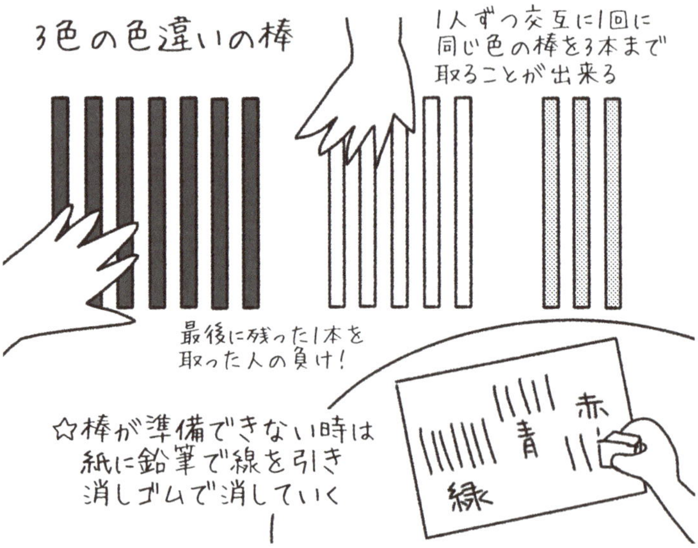
3色の色違いの棒
1人ずつ交互に1回に
同じ色の棒を3本まで
取ることが出来る
最後に残った1本を
取った人の負け!
☆棒が準備できない時は
紙に鉛筆で線を引き
消しゴムで消していく
赤
青
緑

アレンジのヒント

●紙を使わずに、1～30までの数字を交互に数えて同じ様に楽しめます。その場合も一度に数えられるのは3つの数字までで、最後の30を言わないようにします。

線で結んで陣地をふやす

陣取りゲーム

昔なつかしい点と点を結んで三角形を書いていく陣取りゲームです。駆け引きを楽しみながらできるだけ多くの三角形を作ってみましょう。

ゲームデータ

■主体者のレベルの応用範囲
子どもから高齢者まで

■種別
座ってできる

■難易度
☆☆

■人数
２人～４人ぐらい

■実施に好ましい場所
イスとテーブルのある場所

■必要な物品・設備
A4 用紙、鉛筆、消しゴム

楽しみ方

① A4 用紙に点をたくさん書いていきます。

＊ 15 ～ 20 個（点）ぐらい

②順番（先攻・後攻）を決め、1人1本ずつ交互に線を引いていきましょう。

③線を引いた人が三角形をつくれたらその人の陣地となります。

④三角形が出来た陣地内を通ったり、線と線をクロスするような引き方は出来ません。

⑤結ぶ点がなくなり線が書けなくなったら終了です。

⑥三角形をたくさん書けた人が勝ちとなります。

ワンポイントアドバイス

★声かけの例

「○○さん、○○さんに線を引かせるのが上手ですね」

「たくさん取れるコツは何ですか」

楽しさの工夫

●陣地に色鉛筆で色をつけたりすると、陣取り下陣地がわかりやすくなります。

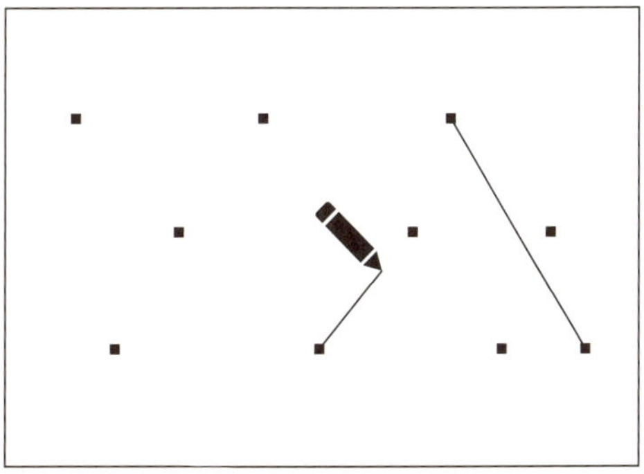

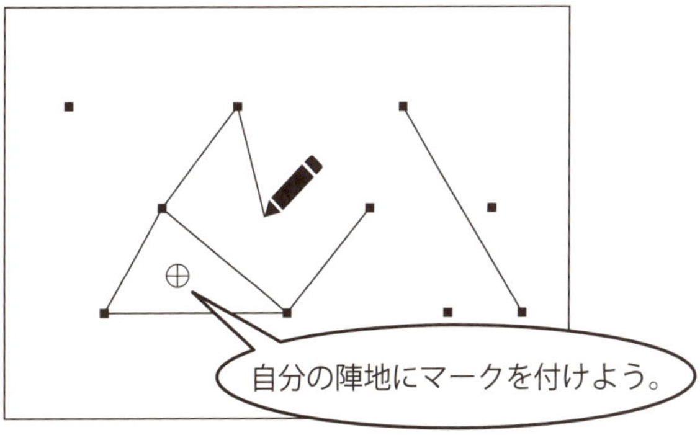
自分の陣地にマークを付けよう。

石ころが大変身

石ころアート

自然の石の色や形から発想して、絵つけをして、いろいろなものを表現しましょう。作品はペーパーウエイトにしたり、飾ったりして楽しみましょう。

ゲームデータ

■主体者のレベルの応用範囲
子どもから高齢者まで

■種別
作って遊ぶ

■難易度
☆

■人数
１人〜

■実施に好ましい場所
イスとテーブルがある場所

■必要な物品・設備
石、ペイントマーカー、ニス

楽しみ方

①海や河原でさまざまな形や色の石ころを探し「〜みたい」「これは魚だ」「三角おにぎり」など、想像しながらあまり大きすぎないものを選び集めましょう。

②形に合わせて色を塗りましょう。流木、貝殻やサンゴなどを重ねても良いです。

③海や河原ではなく、教室などで行う場合は、ゆったりとできるように音楽などをかけて、絵つけをしましょう。ひと通り描き終わったら、ニスを塗って乾かして完成です。

ワンポイントアドバイス

★自然を散策する楽しさと、発見する楽しさを見つけましょう。

★石の形状を楽しめるようにアドバイスしましょう。形状に合わせたほうが「芸術性アップ」間違いなし。

アレンジのヒント

●形が固定された「かまぼこ板」なら１枚から数枚ほど組み合わせて作ってみましょう。

●完成品を文鎮などとして使えるようにしてみましょう。

●石ころや貝殻を重ね合わせ立体的なデザインなどを作って楽しみましょう。

第8章

もっとも身近な うちなーレクを知ろう

うちなーレク＆ゲームは、沖縄の伝統芸能や伝承遊びにアレンジを加えながら、楽しみやすいレクリエーションにしたものです。沖縄の遊びや習慣を楽しく覚えることを目的としています。

この章では、エイサーや宮古島の追い込み漁など、シマクトゥバを使ったレクリエーションなどを取り入れました。

- 名字探しゲーム
- エイサー太鼓ストラップ
- 手づくりエイサー
- アダンでバッタ作り
- サンゴで遊ぼう
- シーサー（ぬり絵）＆パラシュート
- 海人追い込み漁ゲーム
- うちなークロスワード
- かくされた言葉

沖縄で多い名字は何？

名字探しゲーム

沖縄に多い名字を選んで、その漢字を一字ずつカードに書きます。カルタ取りゲームのようにカードを組み合わせて名字を作っていきます。

ゲームデータ

■主体者のレベルの応用範囲
子どもから高齢者まで

■種別
座ってできる

■難易度
☆☆

■人数
5～10人程度

■実施に好ましい場所
カードが広げられるスペース

■必要な物品・設備
沖縄の名字の漢字を一字ずつ書き入れたカード、紙とペン

楽しみ方

①テーブルの上にカードを広げ、「始め！」の合図で1人ずつカードを組み合わせて名字を作ります。

②名字を全部完成できるまで楽しみ、多くの名字を完成させた人を競います。

③その後、完成させた名字の中から沖縄県で一番多い名字を順番に当ててもらいます。

④上位を多く当てた人が勝ちです。全部は当てられないと思うので少しヒントなどを出しましょう。

ワンポイントアドバイス

★みんなが見えるよう、大きいカードや大きい文字で一字一字書きましょう。

★ちゃんとカードが見えるよう一人一人の間隔を十分にあけておきましょう。

★上手く探せない人には一緒に探すのを手伝いましょう。

★時間をかけてゆっくりと取り組みましょう。

アレンジのヒント

●ゲームに慣れてきたら、カードを裏返しにして神経衰弱のようにして、名字を完成させて楽しみましょう。

●ゲームに参加している全員の名前をカードにしたり、苗字と名前を合わせたりすると、相手の名前を覚えたりすることができるので試してみましょう。

●日本全国の苗字ランキングで楽しんでも面白いですよ！

★沖縄で多い名字ランキング★

順位	名　字
1	比　嘉
2	金　城
3	大　城
4	宮　城
5	新　垣
6	玉　城
7	上　原
8	島　袋
9	平　良
10	山　城
11	知　念
12	宮　里
13	仲宗根
14	下　地
15	照　屋
16	砂　川
17	仲　村

順位	名　字
18	城　間
19	新　里
20	新　城
21	安　里
22	伊　波
23	赤　嶺
24	上　地
25	石　川

ワンポイントアドバイス

★声かけの例

「お友だちや家族の名字は何ですか？思い出してみてください」

「すごいですね～この調子でたくさん名字をあげてください」

「今日は、○○さんが一番多く名字を探せましたね！」

「では今度はどの名字が沖縄で一番多いか当ててみましょう！」

「多そうな名字は何ですか？」

「今日当てることが出来なかった方も次回また挑戦しましょう！」

上手に作ってプレゼントに

エイサー太鼓ストラップ

ペットボトルのキャップ２個を合わせてエイサーの太鼓を作ります。ストラップにしてお守りにしたり、プレンゼントしたりして楽しみましょう。

ゲームデータ

■主体者のレベルの応用範囲
子どもから高齢者まで

■種別
作って遊ぶ

■難易度
☆☆

■人数
１人以上

■実施に好ましい場所
イスとテーブルがある場所

■必要な物品・設備
ペットボトルのキャップ２個(白の無地)、髪どめゴム17㎝、ビニールテープ黒(幅15㎜×長さ150㎜)と赤(幅15㎜×長さ100㎜)、白(幅3㎜×長さ100㎜)、カッター、マジック、つまようじ、ビーズ、塩、ラップ、木綿糸

エイサー太鼓の作り方

①ラップに塩(マース)を包みセロハンテープでとめます。ストラップになる髪どめゴムを１本17㎝に切って結び目を作りビーズでとめます。

②キャップ(白い無地のもの)を２つ合わせ、中に塩を入れ黒テープで固定します。その際に２つのキャップの合わせ目に切れ込みを入れ髪どめゴムの結び目を挟みこみます。

③赤テープはバチに巻きつける分として3㎜程度の幅で細長く切り取り、残りの赤テープ(12㎜幅)を黒テープの上から巻きます。

④バチを作ります。つまようじの先端を切って、白テープ3㎜幅のもので巻き、先ほど切り取った赤テープ3㎜幅のものをらせん状に巻きつけます。

⑤最後にバチを木綿糸などでゴムに固定し、キャップにマジックで模様などを書き入れれば完成です！

ワンポイントアドバイス

★イスやベッドサイドでも行うことができます。

★言葉かけ例

「○○さんカッターには、注意してくださいね」

「このエイサー太鼓をお孫さんのランドセルにつけて貰いましょう」

「今度のバザーで実演販売してみてはいかがですか？」

①
ペットボトルの白いキャップを2つ重ねる
ラップでくるんだ塩を入れる
②
黒いビニールテープで2つをつないで少し切り込みを入れておく
③
つまようじの先を切り捨て白いテープを巻いてから赤いテープを巻く
④
ビーズにゴムのストラップを通しくくり目とビーズの間につまようじを木綿糸などで固定する
赤いビニールテープに小さな穴を開け、ゴムのくくりめを通しておく
⑤
本体に④のパーツを巻いて貼り完成
貼るときゴムのくくり目は②であけた切込みにつっこむ

楽しみ方

①各自で作ったエイサー太鼓をお守りとして交換しあいましょう。

②作る楽しみとできたものをプレゼントする楽しみ、そして称賛をうける楽しみがあります。

③うまくできるようになったら、作り方を教えたり、バザー等で実演販売に挑戦しましょう。

ワンポイントアドバイス

★髪どめ用ゴムを固定するときにキャップの内側に入る部分にもビーズをつけると外れにくくなります。また、ビーズの穴が小さくてゴム通りにくい場合は、ゴムを結ぶ前に糸通しの要領でビーズにゴムを通すとスムーズにできます。

★太鼓のバチの固定は、木綿糸で３回程度巻きつけ結ぶとよい。

アレンジのヒント

- あらかじめサイズに合わせた材料を用意しておくとスムーズにできます。
- 太鼓の柄は色を変えたりして個性を出すのも楽しい。
- 全工程 30 分程度で完成します。しかし、参加者の状態によって、できるところとできないところが必ず出てきます。完成手順別にパーツを用意しておくと大人数でも同時に作ることができます。

作って、踊って楽しもう！

手づくりエイサー

沖縄伝統の太鼓（パーランクー）・チョンダラー・踊りのお面を作って皆でエイサーを踊って楽しみましょう。作った道具は飾っても楽しめます。

ゲームデータ

■主体者のレベルの応用範囲
子どもから高齢者まで
■種別
作って遊ぶ
■難易度
☆☆

■人数
3人1グループで
4チームまで
■実施に好ましい場所
イスとテーブルがある場所

■必要な物品・設備
段ボール、ビニールテープ、カッター、白、赤、黒色のペイントカラー、黒マジック、エイサーの音楽

楽しみ方

①3役（太鼓・チョンダラー・踊り）のうち、好きな役を決めます。
②グループごとに太鼓・チョンダラー・お面を作ります。作り方は、右側の絵を参考にして作ってください。
③音楽に合わせ役名（太鼓さん・チョンダラーさん・踊りさん）を言われたら前に出て踊ります。太鼓は段ボールでも十分音が出るよ！

太鼓（パーランクー）の作り方

① A3サイズの段ボールに右図のように描いてカッターで切り取ります。
②切り取った段ボールを組み立てて、テープで固定します。側面は一周より短いため、そのあいてる部分を握って持つところにします。
③太鼓に彩色し、25センチの四角柱をつくりバチにします。

ワンポイントアドバイス

★みんなが盛り上がるような言葉かけをしてください。

「○○さん、とても楽しそうに踊ってますね」

「綺麗にお面が作れましたね」

★スタッフもチョンダラー役となって、エイサーの踊り手衆（参加者）や観客をはやしたり、踊りを披露した後にエイサーの踊り衆を招き寄せたりするとよいでしょう。
また、参加者同士がぶつからないように整理役としても活躍してみましょう。

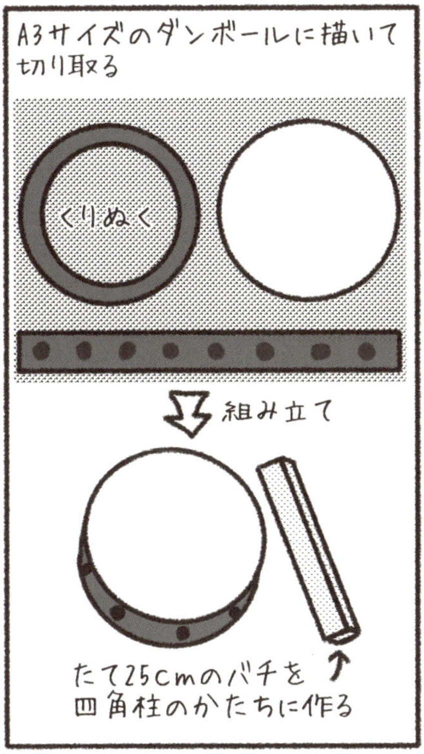
A3サイズのダンボールに描いて切り取る
くりぬく
組み立て
たて25cmのバチを四角柱のかたちに作る

チョンダラーのお面も紙に描いて作る

お面の作り方

①段ボールに顔を描き、目、口の部分を切り取ります。
②ペイントマジックや色紙で色をつけます。
③輪ゴムを取り付け耳にかけられるようにします。
＊チョンダラー(京太郎)とは、顔面を白く塗り、手踊りの脇で道化役を演じる。

・エイサーとは、沖縄諸島全域でお盆の時期に踊られる伝統芸能のことです。旧暦7月15日の「ウークイ(お送り)」の夜に、下界に降りてきて帰りたがらない先祖の霊を、若者たちが太鼓を叩いて脅かし、再びあの世へと送り出したのがその始まりとされています。
・パーランクーとは、太鼓打ちの中で一番小さな太鼓。直径20cmほどで、片面にだけ皮が張られています。

アレンジのヒント

●好きなように太鼓やお面は作ってみましょう。
●また、多くの方々に対応できるように色だけを塗るものも用意しておくとよいでしょう。
●音楽のテンポをかえるのもよいですよ！

かっこいいバッタを作ろう

アダンでバッタ作り

アダンの葉でバッタを作っていきます。少し難しいですが、チャレンジしてみましょう。作った作品はテーブルの上に飾ったり、観賞用としてひもでつるしたり楽しみましょう。

ゲームデータ

■主体者のレベルの応用範囲
子どもから高齢者まで

■種別
作って遊ぶ

■難易度
☆☆☆

■人数
１人～

■実施に好ましい場所
イスとテーブルがある場所

■必要な物品・設備
アダンの葉、新聞紙、ハサミ、モノサシ、手芸用テープ

バッタの作り方

①アダンの葉っぱを集めます。乾燥しているものは途中でちぎれたりする可能性があるので、葉っぱは生乾きのものを使いましょう。長さ 30㎝以上の葉を準備します。

②最初に形を整えます。葉のつけ根やトゲの部分など余分な部分をカットし、幅３～4㎝ぐらいにします。

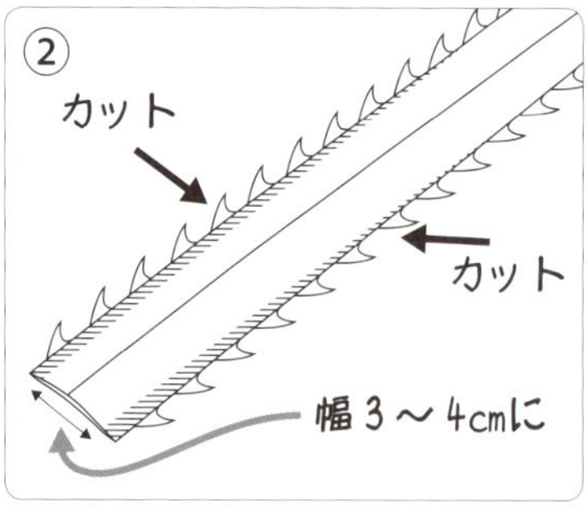

③葉の芯に沿って折り曲げ、先端から根元10㎝を残して中央の芯の部分に切り込みを入れていきます。

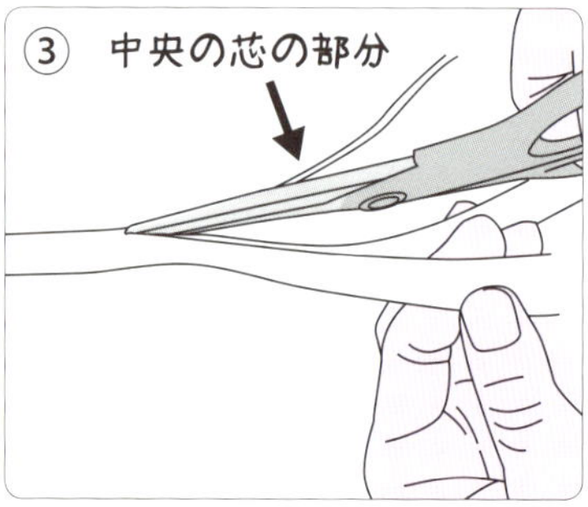

アダンについて

海岸近くでよく見かけるタコノキ科の植物で、パインに似た実をつける。丈夫な葉は民具や帽子、敷物の材料などに用いられる。

アレンジのヒント

●上達した時点で、葉のサイズ・折り重ねる回数や枚数を変更して楽しみましょう。

④葉を二つ折りにして根元を左手に持ち、切り離した芯の部分を折り返して輪っかを作ります。この芯の部分葉を巻き付けて頭の部分を作っていきます。葉が硬い時はゆっくり手でならしてから曲げていきます。

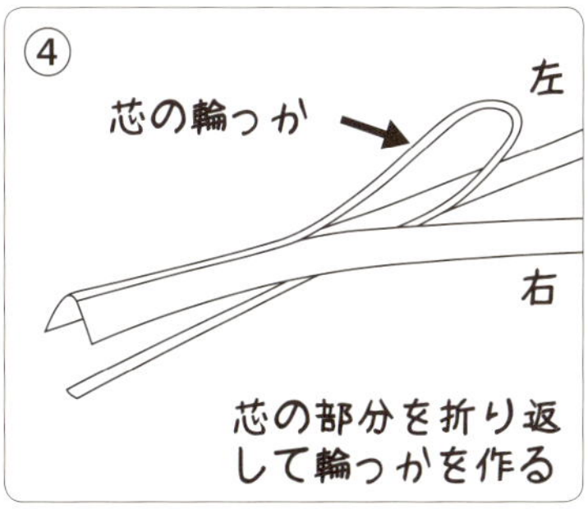

⑤手前右の葉を芯の輪っかに巻き付け、下の方から手前に引きます。軸に巻きつけ、しっかりしめましょう。

⑥同じ様に左側の葉も巻きつけます。

⑦同じ作業を 3 回繰り返し、胴体部分を作ります。ただし、2 回目からは一度葉を上に立ち上げ、次に谷折で 45 度に折り曲げてから巻きつけていきます。

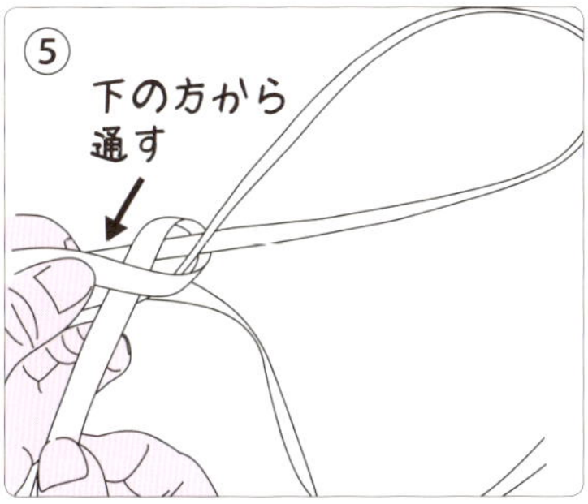

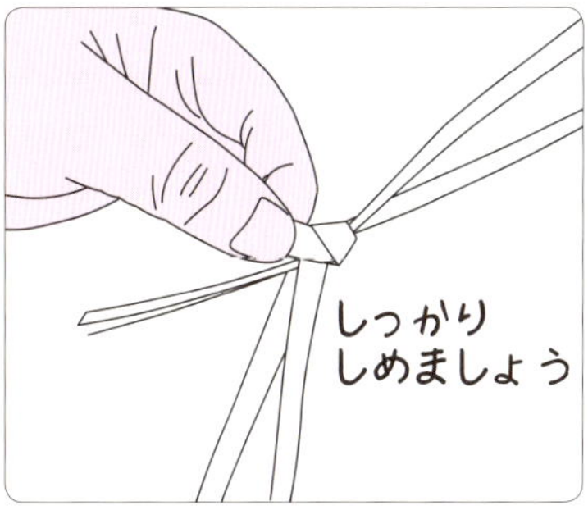

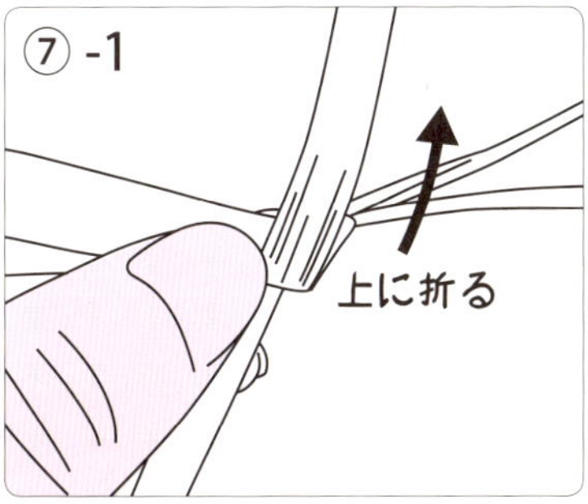

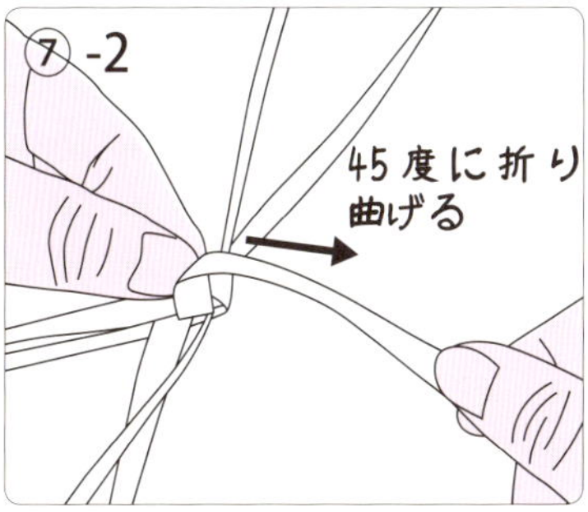

⑧巻きつけて余った葉は触覚と足になります。左右 2 本とも 3 分の 1 ぐらいで細く切り込みをいれ、細い方で触覚を作ります。

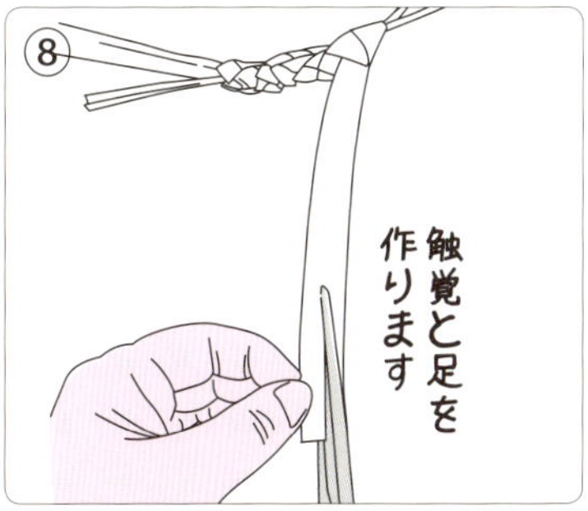

⑨ ⑧を芯の輪っかに通し、ゆっくり芯の部分を後ろからひっぱり、輪っかをしめて触覚を作ります。強くひきすぎると、ちぎれる場合があるので注意してください。

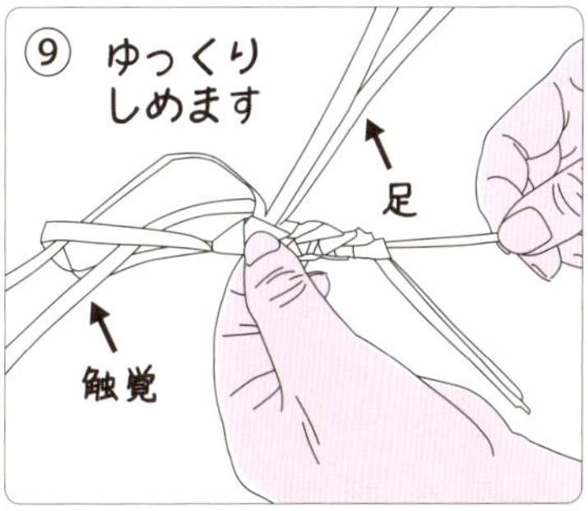

⑩足は一度上に通してから3回折り曲げて、形を整えます。

⑪最後に胴体の部分をハサミで形を整えたら完成です。

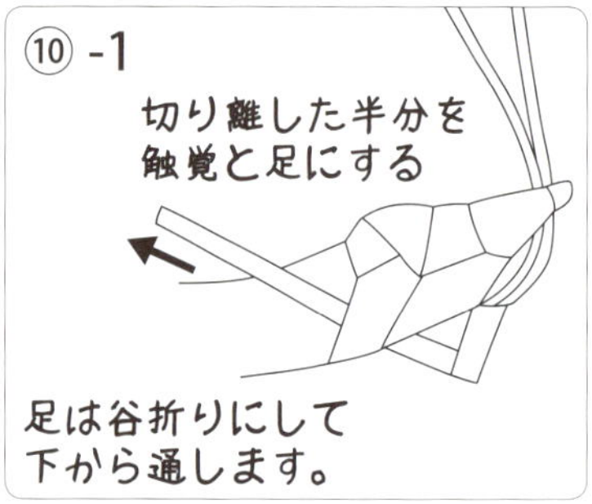
⑩ -1
切り離した半分を
触覚と足にする
足は谷折りにして
下から通します。

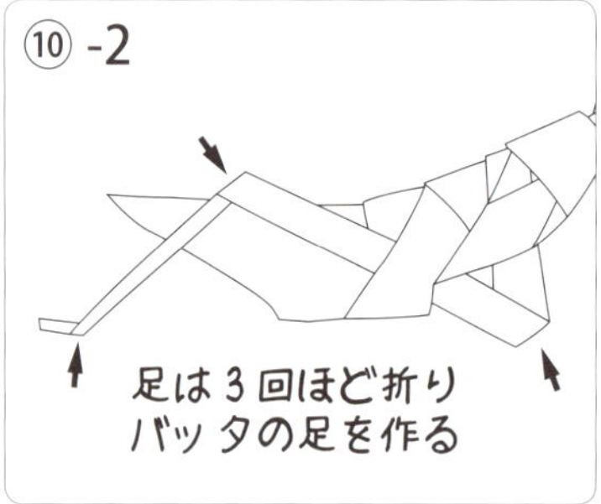
⑩ -2
足は3回ほど折り
バッタの足を作る

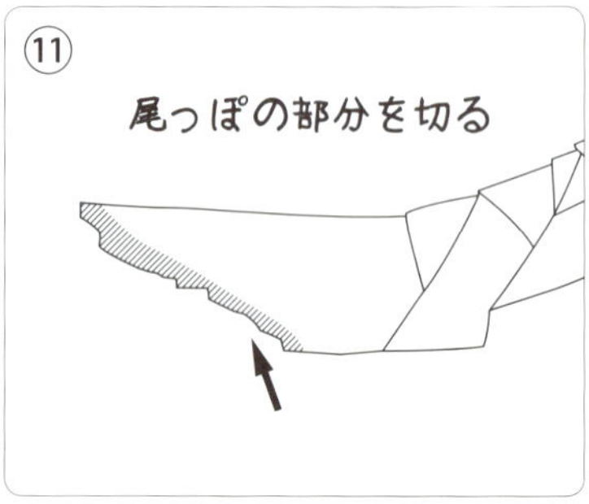
⑪
尾っぽの部分を切る

アレンジのヒント

●アダンの葉を使ってバッタやカマキリ、トンボなどいろいろなものが作れます。上手になったら挑戦してみましょう。

●作ったバッタやトンボは虫かごやテーブルの上に飾ったり、観賞用としてひもでつるしたりして楽しみましょう。風鈴の下につけてもすてきです。

▼アダンの葉で作ったエビ

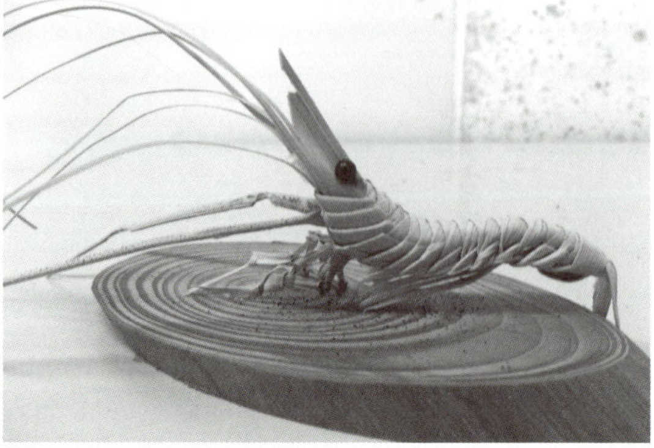

個性が光るものづくり

サンゴで遊ぼう

貝殻やサンゴを使って自分の好みでいろいろな物を作り、出来上がった作品をほかの人と見せ合ったり、部屋に飾ったりして楽しみます。

ゲームデータ

■**主体者のレベルの応用範囲**
子どもから高齢者まで
■**種別**
作って遊ぶ
■**難易度**
☆

■**人数**
1人～何人でも可能
■**実施に好ましい場所**
イスやテーブルがある場所

■**必要な物品・設備**
サンゴ、貝殻、ロウ、ボンド、熱ハンダ

シーサー＆フォトスタンドの材料と作り方

①海で好みの貝殻を集めます（様々な種類があると面白い作品が仕上がります）
②集めてきた貝殻を洗い、十分に水気を切ります。
③貝殻同士を自分の好みに合わせてハンダとボンドでくっつけます
④仕上げにペンで目を描いたりするとさらに良い作品になります
＊貝殻同士をくっつける際に、ボンドだけだと粘着が弱いので、百円均一に売っているロウを溶かしてくっつける器械を使用してください。電気の熱でロウを溶かし簡単に接着できます。

ワンポイントアドバイス

★激しい動きを必要としないので、運動が苦手な人でも楽しめます。
★参加者が貝殻を集めやすいように、事前に良い海・砂浜を見つけておくと良いでしょう。
★貝殻をそのまま使うだけでなく、砕いて小さくしたり割ったりして使うと使いやすいでしょう。
★貝殻を拾いに行けない人たちのために、多めに貝殻を用意しておきましょう。

アレンジのヒント

●カニ、シーサー、カメ、バッタ、ペーパーウエイト、キャンドル、指輪立てなどアイデア次第でいろいろなものが作れます。

シーサーで遊ぼう

シーサー(ぬり絵)&パラシュート

身近な魔除け・シーサーの絵に色をぬって楽しみましょう。またシーサーでパラシュートを作って落下させたり、置物にしても楽しめます。

ゲームデータ

■**主体者のレベルの応用範囲**
子どもから高齢者まで

■**種別**
座ってできる/手先を使う

■**人数1人〜**

■**難易度☆**

■**実施に好ましい場所**
座ってできる場所

■**必要な物品・設備**
ビニール袋、ペイントマーカー、A4用紙、厚紙、カッター

楽しみ方

1. シーサーを作る

① A4用紙か厚紙にシーサーの絵を書きます(右図参照)。

②シーサーに色を塗ります。

③シーサーの下の方に均等な間隔で切り込みをいれ筒状に丸め、両端をテープで止めます。このままでも置物として楽しめます。

2. パラシュートを作る

①シーサーの上部の二カ所穴をあけ、そこにレジ袋の持ち手二カ所を通し、外れないようにとめます。

②上に向けて投げるとレジ袋に空気が入りパラシュートの様になり、ゆっくり落ちてきます。高い所から落としたりして楽しみましょう。

3. 置物として楽しむ

置物として楽しむ場合は、シーサーの耳や後ろ足切り、シッポを付けてリアル感を出しましょう。

シーサーとは

・中国から渡ってきたといわれる獅子(ライオン)のこと。沖縄では魔除けとして屋根の上や左右の門柱の上に置かれている。ちなみに口を開けているのがオスで、閉じているのがメスであると言われている。石でできたものや、しっくい、焼物などがある。

楽しさの工夫

●置物として楽しむ場合は、A4 の用紙だけでなく段ボールを使うとしっかりとしたものが完成します。

●シーサーの色付けは、蛍光ペンのペイントマーカーなどを使うとより華やかなものになります。さらに、切り込みを入れたりビーズなどでデコるとより楽しめます。

ワンポイントアドバイス

★声かけの例

「まずはシーサーに好きな色を塗ってください！」

「お家には、どんなシーサーがありましたか？」

レジ袋がかわいい魚に変身

海人《ウミンチュ》追い込み漁ゲーム

このレクリエーションは、宮古島の追い込み漁のようにうちわで魚を追い込み、釣り上げるゲームです。とても盛り上がり、集中力がつきますよ！

ゲームデータ

■主体者のレベルの応用範囲
腕を動かすと痛みがある人は参加不可能

■種別
体を使う

■難易度
☆

■人数
２人～

■実施に好ましい場所
室内で参加者が自由に動き回れる場所

■必要な物品・設備
長テーブル、レジ袋、厚紙、輪ゴム、新聞紙、うちわ、ビニールテープ、1 円玉数個

楽しみ方①

①魚を作ります。膨らませたレジ袋に厚紙で作った目やヒレを貼り付け、輪ゴムでしばります。
魚の腹となる下の部分に一円玉をつけると、魚が飛んでも着地のときにお腹が下になります。

②テーブルをくっつけて長方形を作り、そこを取り囲んで 1 チーム 10 人の 2 チームがうちわを持って椅子に座り向き合います。

③「スタート！」の合図で、相手の陣地に魚が移動するようにうちわであおぎます。

④「ストップ！」の合図で相手陣地内に何匹魚を追い込んだかで勝敗を決めます。（20 秒を 3 回）

ワンポイントアドバイス

★声かけの例
「次は、○○さんチームです。たくさん魚をあおいで追い込んでください！」
「△△さん、頑張って！もうすこし大きくあおいで向こうの陣地に追い込んでください！」
「釣りの基本は、ゆっくりつることです。焦らないで！」
「今日は風が出てきましたね」と言いながら魚をうちわであおぐ！

アレンジのヒント

●厚紙を目やヒレの形に切り取ることが困難な人は、スタッフに手伝ってもらいましょう。または、スタッフが作った魚をあらかじめ用意しておきましょう。

ビニール魚をうちわで扇いで、相手の陣地に追い込むよ！

楽しみ方② 次はフィッシングで楽しもう！

＊追い込んだ魚をみんなで釣り上げてみましょう！

①尾ヒレの輪っかの部分に新聞紙で作った棒を引っかけ、釣り上げることができたらゲットできます。

②魚にマジックで色をつけたり、新聞の棒に糸とフック等をつけ、本当の釣り堀のようにしても面白いですよ。

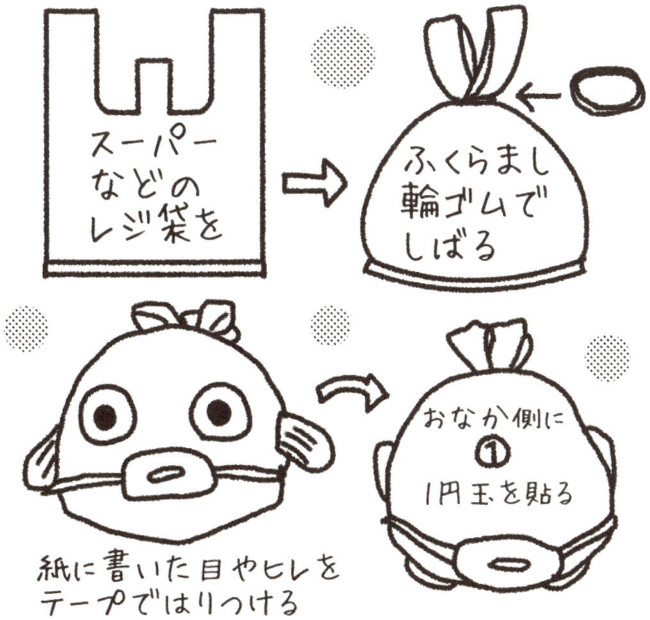
スーパーなどのレジ袋を
ふくらまし輪ゴムでしばる
紙に書いた目やヒレをテープではりつける
おなか側に①1円玉を貼る

シマクトゥバを学ぼう

うちなークロスワード

シマクトゥバ(沖縄の方言)を使ったクロスワードです。ゆっくりと考えることで答えが導きだせます。おじい、おばあと確認しながら楽しみましょう。

楽しみ方

①ヒントから思いつく言葉を、数字と同じマス目に入れていきましょう。

②タテのヒントは上から下に、ヨコのヒントは左から右に言葉(カタカナ)を入れましょう。

問題 1

1	2	■	3
4			
■		■	
5			

タテのヒント

1 沖縄の県庁所在地はどこですか？
2 沖縄の方言で「こんにち」は何といいますか（女性）
3 沖縄の方言で虫（アリ）のことを何と呼びますか？

ヨコのヒント

1 沖縄の空港は○○空港？
4 沖縄の方言で男性があいさつするときに使う言葉は？
5 困った、しまった、という意味の方言は？

問題 2

1		2	
	■		■
3		■	4
5			

タテのヒント

1 沖縄の方言で美味しいことを何といいますか？
2 沖縄の方言で全てのことを何といいますか？
4 沖縄の方言でお金のことを何といいますか？

ヨコのヒント

1 沖縄の方言でお化けのことを何といいますか？
3 沖縄の方言でゾウリのことを何といいますか？
5 沖縄の方言で見ることを何といいますか？

アレンジのヒント

●自分たちでクロスワードを作ってみましょう。タテとヨコの言葉を合わせるのは難しいですが、チャレンジしても楽しいです。

うちなークロスワードの答え

問題 1 の答え

ナ	ハ	■	ア
ハ	イ	サ	イ
■		■	コ
ア	イ	ヤ	ー

問題 2 の答え

マ	ジ	ム	ン
ー	■	ル	■
サ	バ	■	ジ
ン	ジ	ユ	ン

絵から言葉をみつけよう

かくされた言葉

シマクトゥバ（沖縄の方言）を当てはめて、赤枠の文字を読んで行くと別のシマクトゥバが浮かんできます。その言葉を当ててみましょう。

楽しみ方

①右の絵をヒントにシマクトゥバ（沖縄の方言）を入れてみましょう。

②全部入ったら赤枠の文字を右上をから下に向かって読んでみるとシマクトゥバになります。

①	②	③	④
	テ		
			タ
リ			
		ン	

①	②	③	④	⑤
	ワ			
カ		ー		バ
	ミ		ム	
ナ				ヨ
		ラ	ー	

かくされた言葉の答え

上段 ①ハーリー ②テーラー ③マーサン ④カタブイ 隠された言葉：ハ イ サ イ

下段 ①アカバナー ②ワシミルク ③トービーラ ④キジムナー ⑤チバリヨー 隠された言葉：ア シ ビ ナ ー

種別レクリエーション一覧表（難易度、目安時間）

● 座ってできる

章	ゲーム名	難易度	目安時間	頁
1章	見えない○○なかま	☆☆	15分	13
1章	なに色？ 連想クイズ	☆☆	20分	14
1章	「なに」つながり？	☆☆	20分	15
1章	私の第一印象	☆☆	30分	16
1章	マシュマロタワー	☆☆	30分	18
2章	病気自慢大会	☆	20分	27
2章	もし○○だったら！	☆	30分	28
3章	テーブルホッケー	☆☆	30分	35
4章	うたしりとり	☆☆☆	20分	46
4章	言葉をつくろう	☆☆	30分	50
4章	漢字連想クイズ	☆	20分	51
4章	動物ビンゴ	☆	20分	52
5章	ゴミ箱作り	☆	10分	58
5章	新聞ビンゴ	☆	20分	61
5章	新聞ビリビリゲーム	☆	30分	62
5章	すぐできる切り絵！	☆	30分	64
6章	ゆび体操	☆	10分	76
6章	輪ゴムリレー	☆	10分	78
7章	ハンマープライス	☆☆	45分	80
7章	うちわで似顔絵ゲーム	☆	45分	83
7章	人形ストーリー	☆	20分	86
7章	陣取りゲーム	☆☆	15分	91
8章	名字探しゲーム	☆☆	30分	94
8章	シーサー（ぬり絵）・パラシュート	☆	20分	104

● 頭を使う

章	ゲーム名	難易度	目安時間	頁
2章	砂漠での生き残りゲーム	☆☆☆	45分	22
2章	権利の「熱気球」カード	☆☆☆	45分	24
2章	昔はおいくら？	☆	30分	26
4章	元気の「気」ゲーム	☆☆	30分	44
4章	暗号ゲーム	☆☆	15分	47
4章	無言しりとり	☆☆	30分	48
4章	ひらがなバラバラ事件	☆	20分	53
4章	へんつくりゲーム	☆☆	20分	54
6章	ジャンケン足し算	☆	15分	68
6章	ジャンケンクッキング	☆☆	30分	70
6章	ゆびで数えよう1～31	☆☆	10分	74
6章	あまったジャンケン	☆☆	10分	75
7章	リズム算	☆	10分	82
7章	七五三ゲーム	☆☆	15分	90
8章	うちなークロスワード	☆☆	15分	108
8章	かくされた言葉	☆	15分	109

● 動き回る

章	ゲーム名	難易度	目安時間	頁
1章	アイスブレイク10	☆	10分	8
1章	名刺交換ゲーム	☆☆	30分	10
1章	目指し100人の友だち	☆	20分	12
2章	人間知恵の輪	☆☆	30分	20
2章	ムカデ操縦士	☆☆	30分	21
7章	コップ＆カンタワー	☆☆	20分	84
7章	エアーあそび	☆	10分	85

● 体を使う

章	ゲーム名	難易度	目安時間	頁
3章	手投げゴルフ	☆☆	45分	30
3章	ビー玉カーリング	☆☆	30分	32
3章	ジャンケンサッカー	☆	30分	34
3章	風船バレー＆リレー	☆☆	30分	36
3章	リアル野球盤	☆☆	40分	38
3章	砲丸・やり・ハンマー投げ選手権	☆☆	30分	39
3章	雪（タオル）合戦	☆	20分	40
3章	コインリレー	☆☆☆	20分	42
6章	いろいろジャンケン	☆	10分	72
8章	海人追い込み漁ゲーム	☆	20分	106

● 作って遊ぶ

章	ゲーム名	難易度	目安時間	頁
5章	新聞フラワー	☆☆☆	60分	56
5章	トトロを作ろう	☆	10分	59
5章	世界一飛ぶ紙飛行機	☆☆	20分	60
5章	新聞ヨーヨー	☆	20分	63
5章	サンタクロース	☆☆	20分	66
7章	作っては（わ）投げ	☆	20分	88
7章	石ころアート	☆	60分	92
8章	エイサー太鼓ストラップ	☆☆	60分	96
8章	手づくりエイサー	☆☆	60分	98
8章	アダンでバッタ作り	☆☆☆	45分	100
8章	サンゴで遊ぼう	☆	45分	103

MEMO :

著 者／宮本　晋一（みやもと　しんいち）

沖縄大学　人文学部福祉文化学科　教授
（日本レクリエーション協会公認レクリエーションインストラクター・福祉レクワーカー）
高齢者の健康寿命の延長研究の一環としてレクリエーションの実践研究と普及活動を20年間行っている。その研究成果と指導・実践経験をもとに、現在は福祉系学生のレクリエーションインストラクターの養成と各地・各分野において「遊びリテーション」の実践を行っている。

本文イラスト・表紙イラスト／新垣屋

楽しい、すぐ使える
福祉レクリエーション

発　行　　2015年9月30日初版第一刷
著　者　　宮本　晋一
発行者　　宮城　正勝
発　行　　ボーダーインク
〒902-0076　沖縄県那覇市与儀226-3
電話 098(835)2777　FAX 098(835)2840
http://www.borderink.com
印　刷　　株式会社　東洋企画印刷